楽してキレイが続く
シンプル収納

aki　整理収納アドバイザー

あさ出版

はじめに

「楽をするため」に収納する

私は、家で過ごすことが何よりも大好きです。どんなステキなホテルや温泉旅館に行くよりも、家のリビングで過ごしていたい。それは、「最高の快適」のために収納の改善をし続けてきたからです。

とはいっても、決して無理はしていません。日々頑張らなくてもすむような仕組みをつくっているだけです。

私が心がけているのは、毎日「楽をするため」の収納で、簡単にいえば、「面倒くさい」を一切なくす収納です。

収納を上手くすれば、片づけや掃除に時間がかかりません。そうして日々の手間を減らすことができたら、その空いた時間を自分の時間や家族との時間に費やすことができ、その先に笑顔やハッピーが生まれます。

収納は、生活の中に笑顔を増やす魔法なんです。

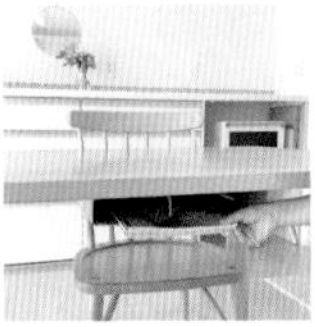

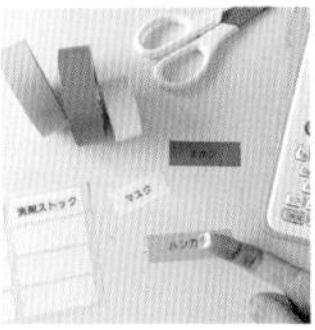

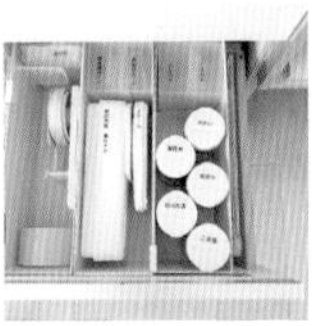

片づけが簡単だと、自然とキレイが続くんです。

収納することによって、人生は必ずいい方向に変わっていきます。

これは私自身、２０１７年に「整理収納アドバイザー」の資格を取得してから日々実感していることです。

収納によって、視覚と使いやすさで感じるシンプルライフと、内面で感じるシンプル思考の２つが合わさると、人生はとても生きやすく変わっていきます。

そのことを、この本を読んだ方々に実感していただけたらとても嬉しいです。


この本をきっかけに、１人でも多くの方が収納を楽しんで「楽」を手に入れてくださったら、これほど幸せなことはありません。

ここで紹介する収納が、以前の私と同じように悩んでいる方の参考になり、みなさんの毎日がこれまで以上に楽しくなりますように。

aki

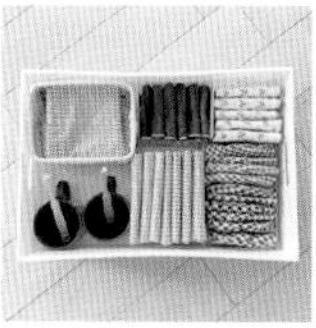

ルール1

使う場所のすぐ近くに収納する

収納を考えるとき、いちばんに心がけていることです。「面倒くさいなー」が口癖の私がキレイをキープし続けているのは、使う場所のすぐ近くに収納をつくっているから。そうすることで、とって、使って、しまうという一連の行動が、誰でも簡単に無理なくできます。面倒くさいという思い自体がなくなり、片づけるという行為が苦にならなくなるんです。

例えば、我が家ではふりかけを文具類が入っている引き出しに（32ページ参照）、また、カトラリー（フォークやスプーンなど）、ティッシュ、薬なども、テーブルに座ったまま取り出せる場所に収納しています。物によっては、よく使うものを１軍、あまり使わないものを２軍とし、収納場所を分けて、１軍のみを使う場所の近くにしまっています。

面倒だと思うことを限りなくゼロに近づけて、シンプルで楽な仕組みをつくりだすこと。そうすることで、「わざわざ片づける」という動作がなくなります。このルールを意識すれば、一気に片づけのハードルが下がります。

楽な収納は、「自分や家族が楽に取り出せて、楽に戻せる場所」を考えることから始めるのがポイントです。

ルール2

収納は家族という チームでつくる

収納は1人の意見でつくると、「キレイ」が定着しません。

なぜなら、どんなに自分が使いやすいと思っても、他の家族もそう感じるとは限らないからです。

キッチンなど自分がメインに使う場所は、自分目線で収納を整えてもいいと思いますが、つくる前に家族にも「こう収納をつくろうと思うんだ！」と、ひと言声かけしておくといいと思います。自分がメインに使うといっても、他の家族が使うこともあるからです。家族みんなが使いやすいと、みんなで協力し合える、いい空間になっていきます。

家族でも、みんなそれぞれいいと思うもの、使いやすいと思う収納は違います。

だからこそ、「どうしてここに片づけられないの？」ではなく、「なぜここに片づけることができないのだろう？」と家族の性格や癖から、原因を導き出し、それを解決する収納を家族みんなで考えるようにしています。

子どもたちに対しても、「きっとこうだろうな」と親目線で決めつけて収納をつくるのではなく、話し合うようにしています。話し合いは、家族みんなが使いやすい収納をつくる、いちばんの方法です。

ルール３

収納ボックスは エリアごとでメーカーや シリーズを統一する

キッチンやリビング、洗面所などで、比較的大きな面積を占めている場所の収納は、いつでも手に入る定番品で揃えるようにしています。

その理由は２つ。１つは、仮に１つだけ収納ボックスが壊れてしまって買い換えることになったときでも、定番品ならすぐに同じ物が手に入るからです。

２つ目の理由は、リビングとキッチンなど、エリアごとで同じシリーズの収納ボックスを揃えると汎用性が高くなるからです。

我が家では、キッチン収納はニトリのインボックスをメインに使っているのですが、子どもが小さいときは、お菓子を収納しているボックスを子どもの手が届かない高さの場所に収納していました。大きくなった今は、子どもたちがある程度自分で考えて食べられるようになったので、子どもの手が届く場所にあった別のボックスとお菓子を収納しているボックスの場所を入れ替えました。

生活スタイルが変わったり、収納場所や収納するものの中身が変わったりしても、収納ボックスを入れ替えるだけで簡単に対応できるのでとても便利です。

ルール4

できるだけ浮かせて収納する

「浮かせて収納する」とは、床や棚などに直接置かないということ。物を浮かせて収納すると、何より掃除をする手間を大きく省くことができます。

物を置く収納だと、掃除をするときに一旦どかさなくてはならないので、時間がかかるし面倒なんです。

浴室でいうと、シャンプーや桶をすべて浮かせることで、ボトル裏のぬめりの掃除を省くことができます（96ページ参照）。我が家ではテレビボードもなくし、テレビを壁に取り付けて浮かせています（21ページ参照）。すぐに埃《ほこり》が溜まる箇所だったので、なくしたことで掃除をする箇所が減っただけでなく、見た目もスッキリしました。

こんなふうに「浮かせる収納」を基本にすることで、毎日の掃除の時間を驚くほど短縮できます。

しなくてもいい家事はとことん削って必要最低限に、その分、笑顔を増やしていこうという作戦。私がニコニコとご機嫌でいると、家族にもニコニコが伝染して、自然と家族全体の雰囲気がよくなっていきます。

また、物を床に置かないことで、生活スペースを最大限に贅沢に使えるようになることも魅力です。

ルール5

見えないところほど整える

私は、開けないと見えないところほど整えるように意識しています。

というのも、どんなときもおうち時間を楽しく、気持ちよく過ごしたいから。見える場所をキレイにしておくのももちろん心のリラックスになるけれど、それだけでは本当のリラックスは手に入りません。

たまに開ける引き出しの中がグチャグチャだと、私はその瞬間、気持ちが下がってしまいます。「どこに必要なものがあるかわからない」「片づけなきゃ」、そんなことを思いながら、そこから物を取り出すとき、決していい気分ではなく、プチストレスが溜まっていきます。

でも、ふと開けた引き出しや扉の中がキレイだと、それだけで幸せな気持ちになるんです。
「家中どこを開けてもキレイ」が続くと、自分の気持ちも常に安定し、自然と前向きに気持ちよく過ごせる時間が多くなっていきます。

毎日をハッピーで過ごしたいから、見えないところもキレイにし、自分の機嫌を自分でとる。目で感じるキレイさは、思っている以上に私たちの気持ちをハッピーにさせてくれます。

ルール6

死角を活用する

家に帰ってリビングに入った瞬間、目に入る光景が物でゴチャゴチャしているよりも、スッキリしているほうが気持ちがよく、おうち時間を思いっきりリラックスして過ごせます。なるべくそのスッキリした光景を保つために、死角を上手く使った収納にこだわっています。

例えば、生活感の出やすい掃除機。汚れたときにサッと掃除がしたいので、我が家では壁掛け収納にしているのですが、収納場所に選んでいるのがキッチンにも近いリビングの壁です。

ただ、リビングに掃除機が置いてあるのはイヤなので、生活動線上にありつつ、リビングの扉から入ってきたときには目に入らない死角に収納しています（22ページ参照）。

また我が家では、その他の日用品なども、リビングに入ったときには見えづらいキッチンの側面やダイニングテーブルの裏やサイド面など、死角になる場所に収納をつくって入れています。立っている状態では見えづらい、目線より下のほうに収納することも意識しています。

このように死角を活用すれば、「使いやすい」と「見た目と気持ちがスッキリする」の両方を上手く叶えることができます。

\ About my home /

我が家について

我が家の家族構成と、家の間取りをご紹介します。

1F

1階には、リビング、ダイニング、和室、キッチン、洗面所、浴室があります。生活のほとんどを1階で過ごしています。なので、基本的によく使うものは1階に収納しています。

- 家族構成：夫、長男（8歳）、次男（6歳）
- 住居　　：持ち家（一戸建て）
- 間取り　：5LDK
- 広さ　　：137㎡

2F

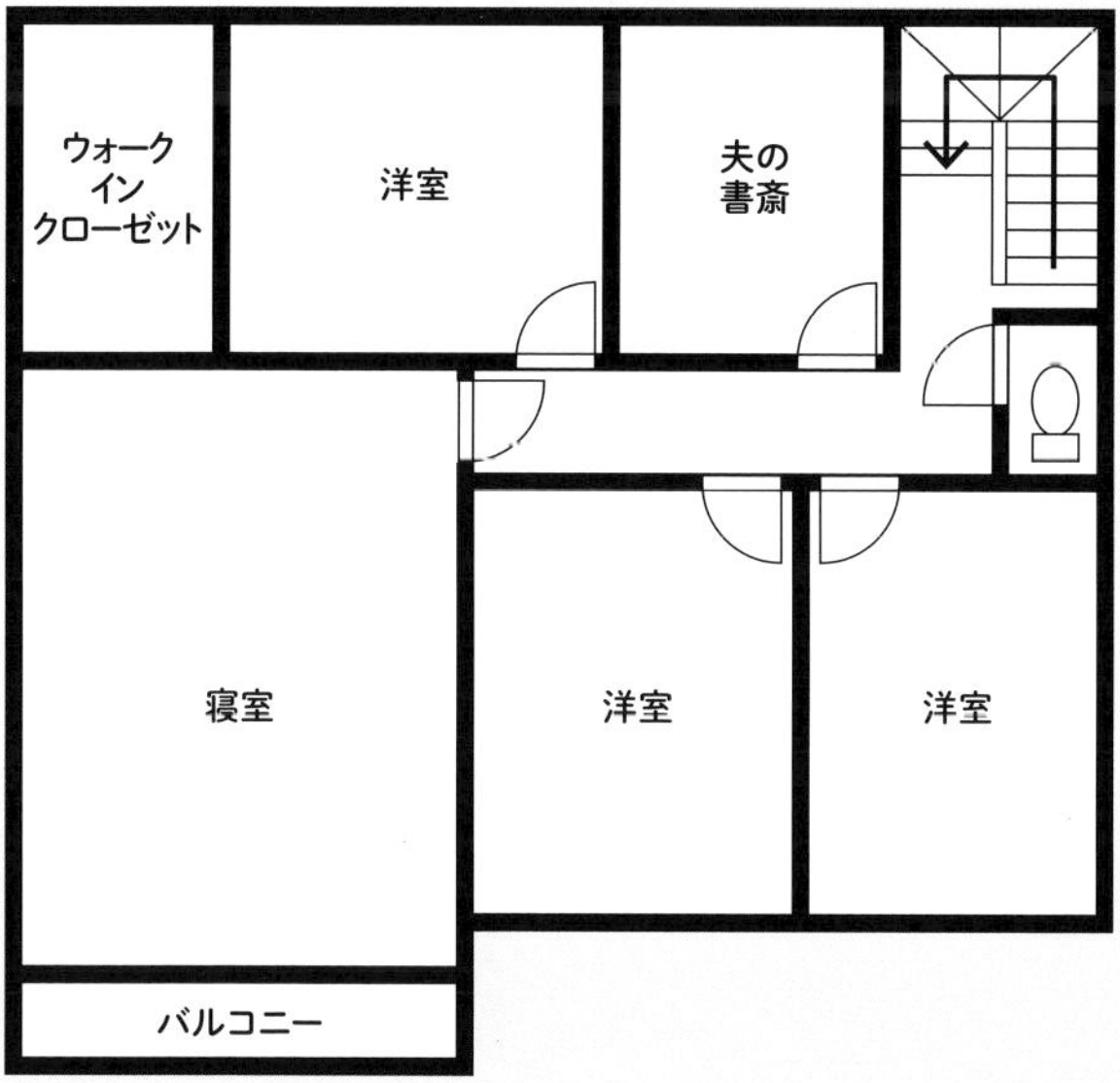

子どもが小さい今は、2階はあまり使っていません。あまり見返すことがない書類や季節外の服の一部などは2階に収納しています。ゆくゆくは、寝室の隣の洋室2室を子ども部屋にする予定です。

Chapter 1

リビング&ダイニング&和室
～家族みんながくつろげる空間をつくる～

リビング

ダイニング

和室

Chapter 2

キッチン
～無駄な動きを限りなく減らす～

Chapter 3

洗面所&浴室
~とことん使いやすく工夫する~

洗面所

Chapter 4

玄関
～いつでもキレイな状態をキープする～

Chapter 5

子どものスペース
～子ども目線で収納をつくる～

子どものスペース

本文写真　著者提供、山中武司
本文デザイン　梅里珠美（北路社）

Chapter 1

リビング＆ダイニング＆和室

～家族みんながくつろげる空間をつくる～

リビング living

ベースカラーは「白とナチュラルな木のカラー」

我が家は今、2階はあまり使っておらず、家族全員が、朝起きて寝るまでの時間を、ほぼリビングで過ごしています。

昼間は燦燦《さんさん》と眩《まぶ》しいくらいの陽が入り、嬉しい日、イヤなことがあった日、どんなときも優しく包み込んでくれます。いつでも気持ちを前向きにしてくれる我が家のパワースポットです。

リビングのベースカラーは「白とナチュラルな木のカラー」。空間に色が入りすぎるとうまくリラックスできないので、我が家では収納ボックスもほとんど白です。

白という色は、頭をスッキリさせてくれる色で、シンプルだからこそ飽きにくく、収納グッズを選ぶときもカラーで悩まなくてすみます。

また、リビングは家族みんなが過ごす場所なので、空間を広々と使うために、床が見える面積が少しでも増えるよう、なるべく後付けの家具を購入しないですむ収納づくりを心がけています。

テレビを浮かせて、ガラス棚を排除

以前はテレビボードと、壁にインテリアを飾ることができるガラス棚がありました。けれど、どちらもすぐに埃が溜まるんです。

それを掃除するのがストレスで思い切ってＤＩＹを決意。テレビボードとガラス棚をなくして、テレビは壁掛金具を購入し、浮かせてしまいました。

結果、掃除箇所が２カ所なくなり、日々のノナストレスから解放されました。

「掃除をする場所がなくなるってこんなに快適なんだ！」と実感しています。

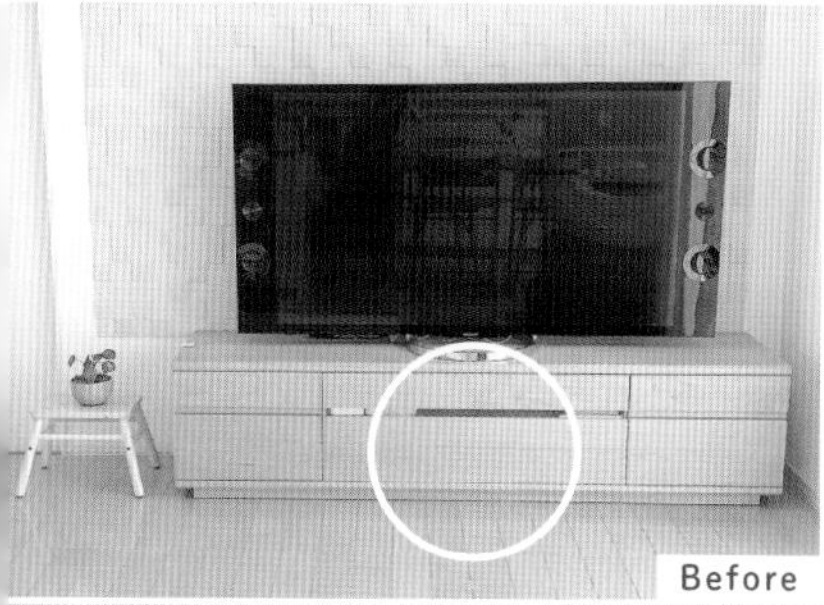
Before

After

「せっかくテレビボード買ったし」「せっかくガラス棚つけてもらったし」の「せっかく」という思考は断捨離してＯＫ。

「今を快適に生活する方法」をいちばんに考えることが大切です。

また、テレビ裏にＬＥＤライトがついたテープを貼り、間接照明のような雰囲気のいい空間を実現。

夜、部屋の電気を消してＬＥＤライトをつけてヨガをするなど、夜の時間をよりリラックスして楽しめるようになり、日常の満足度がぐんと上がりました。

Before

After

死角を使った収納が「キレイ」を叶える

リビングに入ってきたときに「キレイ！」と感じることができるように、リビングは特に死角を使った収納を心がけています。

生活感が出やすい掃除機は、リビングに入ったときには見えない場所に、壁に掛けて収納しています。

そこは、キッチンからもリビングからも近い使い勝手のいい場所。「掃除機かけたいな！」と思ったときにサッと掃除したいので、とりに行くにも手間がかからない生活動線上に設置しています。

もし掃除機置き場が少しでも遠い場所にあったら、「とりに行くのが面倒くさいなー。あとにしよ！」と、きっと毎日掃除機をかけていなかったと思います。

楽で使いやすい収納にするには、使う頻度が高いものから収納場所を決めていくのがポイントです。

1

マグネットボード収納

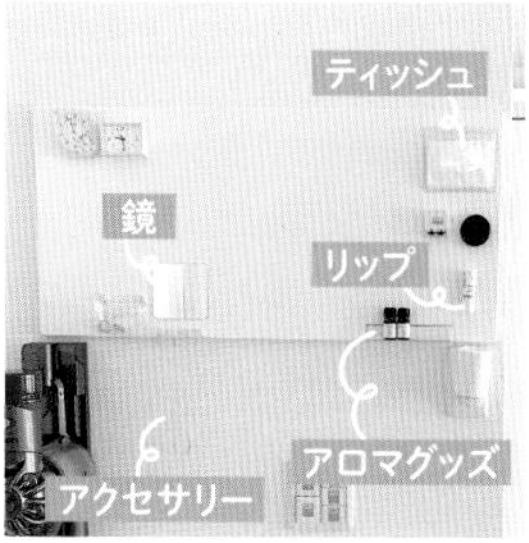

　ＩＫＥＡのマグネットボードに、よく使うアクセサリー、鏡、リップ、アロマランプとオイル、ティッシュなどを貼っています。生活動線上の壁にあり、外出前はここで鏡を見ながらアクセサリーをつけ身支度しています。よく通る場所だとリップも目に入ったときにすぐに塗れますし、アロマは立ったままオイルをランプに垂らすだけで楽しめ、使い終わったあともすぐにティッシュで拭き取れて便利です。

2

ドライヤーやくしはまとめて収納

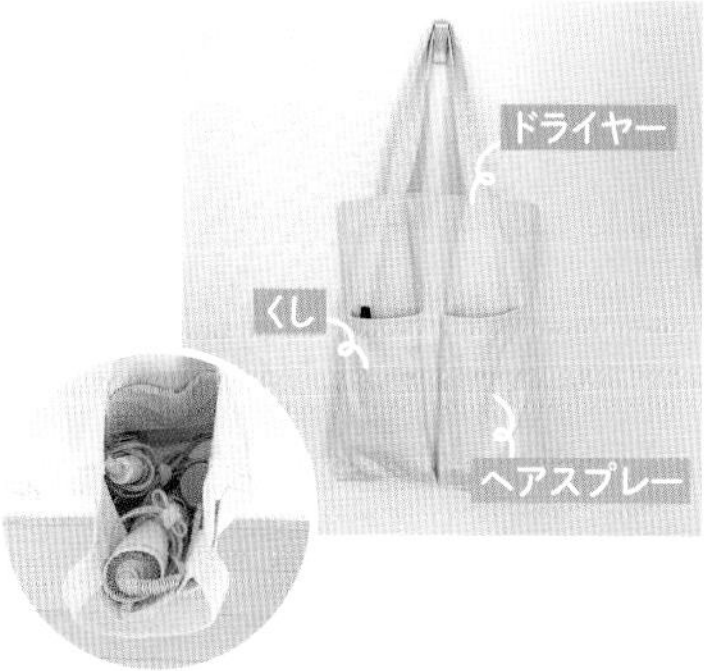

　リビングは気温が安定していて子どもの姿が見えるので、髪はリビングの隅に座って乾かしています。隣に掃除機があるので床に落ちた髪の毛もすぐに掃除できます。ドライヤー、くし、ヘアスプレーは、中と外にポケットがある無印良品のコットンバッグに収納。向かいのキッチンのサイド面には目線の高さに「割れないアクリルミラー」を貼り、鏡を毎回準備しなくてもいいようにしています。

3

予定の確認はドライヤーをしながらできるように

　キッチンのサイド面にはマグネットシートを貼っています。ここもリビングに入ってきたときに見えない死角で、子どもたちの学校の予定表とカレンダー、忘れてはいけない書類を貼っています。ちょうど座ったときに目線の高さにあるため、ドライヤーの時間を利用して翌日や直近の予定を確認するようにしています。うっかり忘れることが多い私にピッタリな収納場所です。

ゴミ箱は使わない

100円均一（以下、100均）で購入した少しデザイン性のあるゴミ袋の持ち手を両方カットし、壁にマスキングテープを貼ってその上にフックをつけ、ゴミ袋をまとめて引っ掛けています。リビングで出るゴミはティッシュなど軽量なものが多いのでこの方法でも問題なし。上部のミシン目を引っぱり、袋ごと捨てることができるので衛生的ですし、まとめて掛けているのでゴミ袋の付け替えが不要なのも便利です。

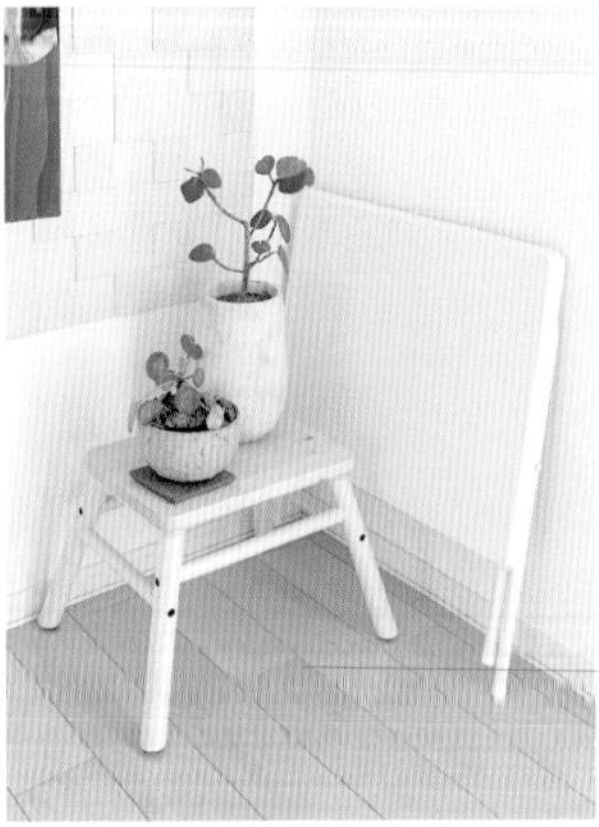

折りたたみ簡易テーブルは3点を重視

1つあったら便利なのが簡易テーブル。使ったらすぐしまえるようにリビングの隅に立てかけて収納しています。「子どもたちも扱える軽量なもの」「壁に馴染むシンプルなもの」「使うときに手間なく片手で開けられるもの」、この3点を重視して選びました。オシャレなものは見た目はいいけれど重かったり開きにくかったりします。「簡単にみんなが扱えるもの」を選ぶことが大切です。

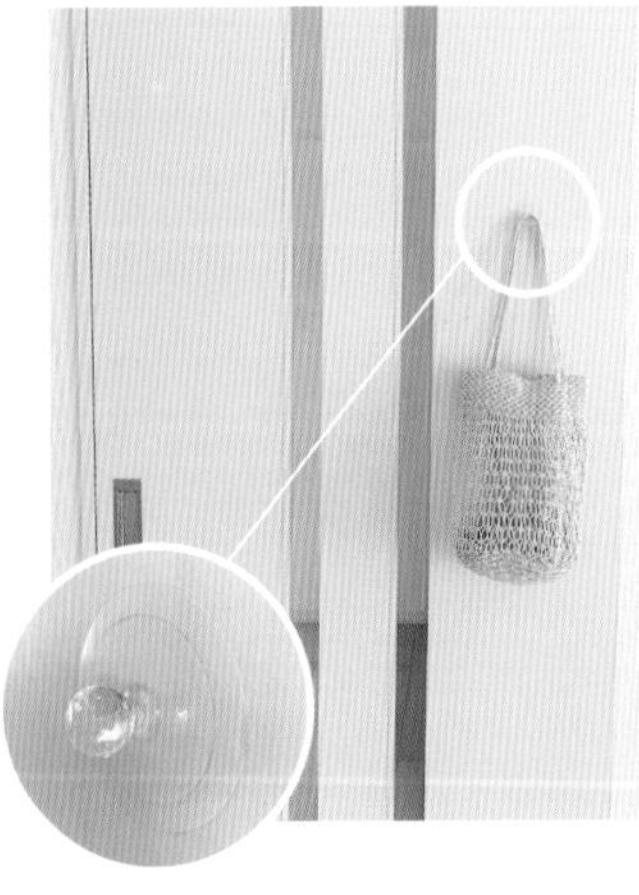

「ちょこっと掛け」が片づけのハードルを下げる

リビングの扉の内側に100均で購入したクリアフックをつけて、バッグや翌日着る服などを一時的に掛けています。この「ちょこっと掛け」が本当に便利。形状もシンプルでカラーもクリアなので、何も掛けていないときも目立ちません。毎回しっかり定位置にしまうことが理想ではあるけれど、できないときややりたくないときも。ズボラな私にはこのフックの存在がすごくありがたいです。

飾りものはコンパクトに小さく飾る

飾ったときのことだけでなく、収納をするときや出し入れをいかにスムーズにできるかまで考えた結果、我が家では「飾りもの」は「小さいお気に入りのもの」を飾るのがベストだという結論にたどり着きました。

子どもの日には、母にプレゼントしてもらった地元でつくられた手づくりの可愛い五月人形と、金太郎がクマに乗った置きものの2つ。どちらもコンパクトだけど、温かみがあってすごくお気に入りです。

クリスマスツリーも気に入ったツリーの中でいちばんコンパクトなサイズを選びました。収納してある2階から1階へ運ぶときに手軽なこと、分解も不要で面倒でないこと、小さければ圧迫感を感じることもなく、簡単に好きな位置に移動して飾れることが理由です。七夕の飾りもしまうとコンパクトになる可愛いお気に入りのものです。また、観葉植物も無理なく管理できるサイズと数を選んでいます。

飾りものは、「出す→飾る→しまう→保管しておく」という一連の流れを総合的に考えてベストなものを選ぶのがおすすめです。

ソファのない生活が心地いい

私は今まで一度もソファのある生活をしたことがありません。

ソファがあると生活空間が自ずと狭くなってしまいますし、空間に圧迫感が出てしまいます。また、掃除がしにくく、その分、手間も増えます。リビングではなるべく目線を低くし、床に近い生活をしたいと思っているのも、ソファを置いていない理由の1つです。

代わりに、ビーズクッションを3つ置いています。持ち運べて、どこでも簡単にリラックス空間をつくれるところがお気に入りです。

掃除をするときや片づけをするとき、部屋をスッキリさせたいときは、クッションを3つ重ねて「3段団子」に。使わないときはこの置き方が定番になっています。

スッキリした見た目で、最小限のスペースで収納しておけます。

「リビングの模様替えをしよう！」と思ったときにも、クッションカバーのカラーを1色変えるだけで、そこまでお金をかけなくても簡単に空間の印象を変えることができて新鮮です。

ダイニング dining

ダイニングテーブルの上には何も置かない

我が家の場合、子どもたちが宿題をするときも、お絵描きや折り紙をするときも、基本はダイニングテーブルです。

宿題をしている最中に、「ご飯食べるよー」と言うことがよくあるのですが、そのときに、いかに机の上を簡単にスピーディにキレイな状態に戻せるかを大切にしています。

子どもは物を散らかす天才。そんな子どもたちに「終わったら片づけて！」と、毎日ガミガミ口うるさく言いたくありません。

どうしたらすぐに片づけられるのか。実は、「片づけて！」と言っても片づけられないのは、片づけの仕組みが整っていないだけだったりします。

簡単な収納の仕組みをつくれば、小さな子どもでも片づけられるようになります。

テーブルの上を常に何もない状態にしておくと、「今やろう！」と思ったことをすぐ始められますし、拭き掃除も簡単です。

収納を新たにつくって片づけを楽に

ダイニングテーブルで使ったものをすぐに片づけられるよう、テーブルの裏に宿題や本を一時的にしまえる収納をつくりました。

つくったのは、「A４サイズの薄型のファイルボックス」と「筆記用具入れ」、お絵描きをする際に使う「色鉛筆セット」。

食事ができる少し前に、「そろそろご飯だから片づけてね」とひと声かけるだけで、夕飯ができ上がるタイミングでテーブルはキレイな状態になります。

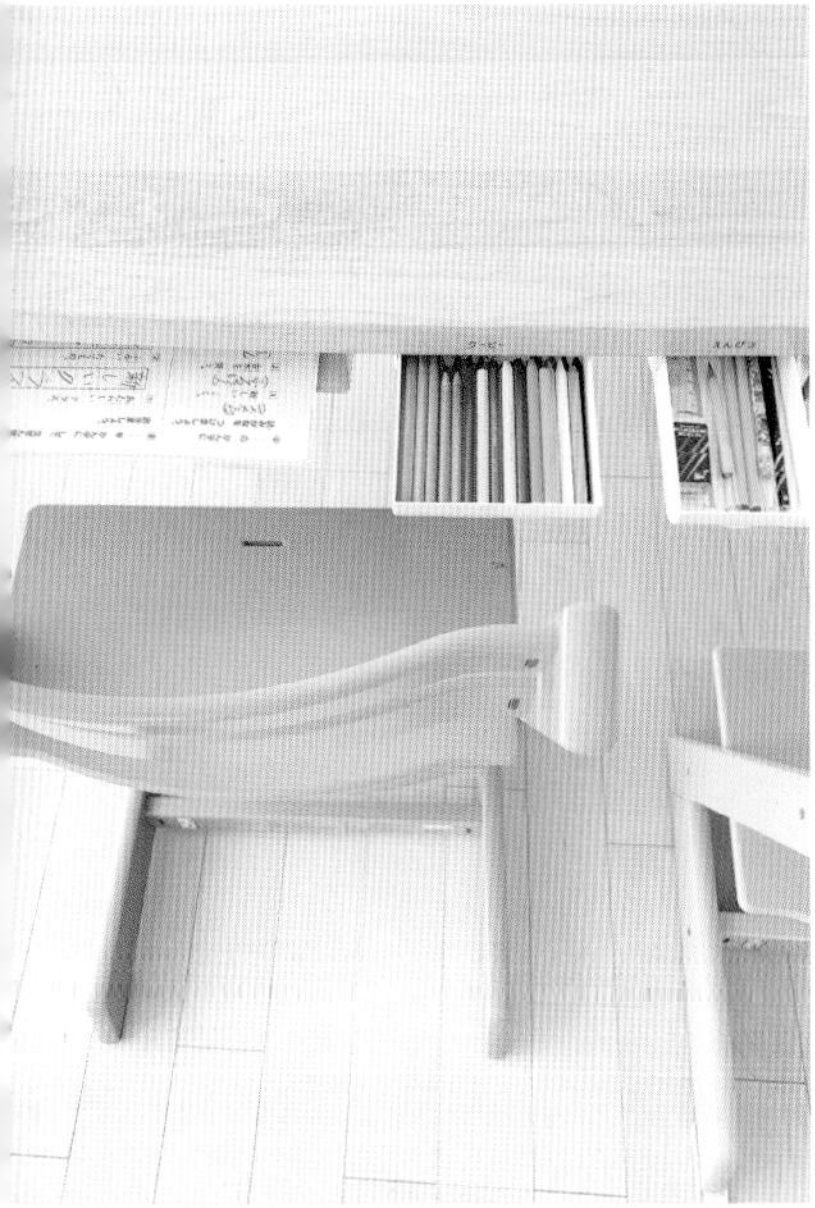

収納がない場所も収納スペースとしてフル活用

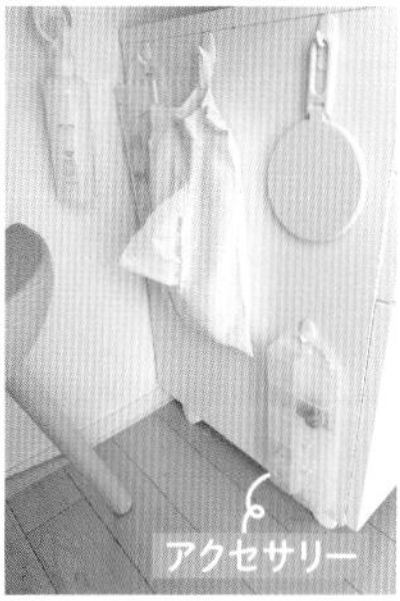

ダイニングテーブルの後ろにあるタイルのスペースは、陽がよく当たるお気に入りの場所。メイクや読書、書きものなどをするスペースとして使っています。

座りながらティッシュや鏡などを取り出せるように右下の三段収納の側面にフックをつけて、それらを掛けています。また、右利きの私が邪魔にならない机の下の左側には、ボールペンをマグネットで浮かせています。

リビングに入ってきたときも目線より低い場所のため、多少ゴチャゴチャしていても全く気になりません。

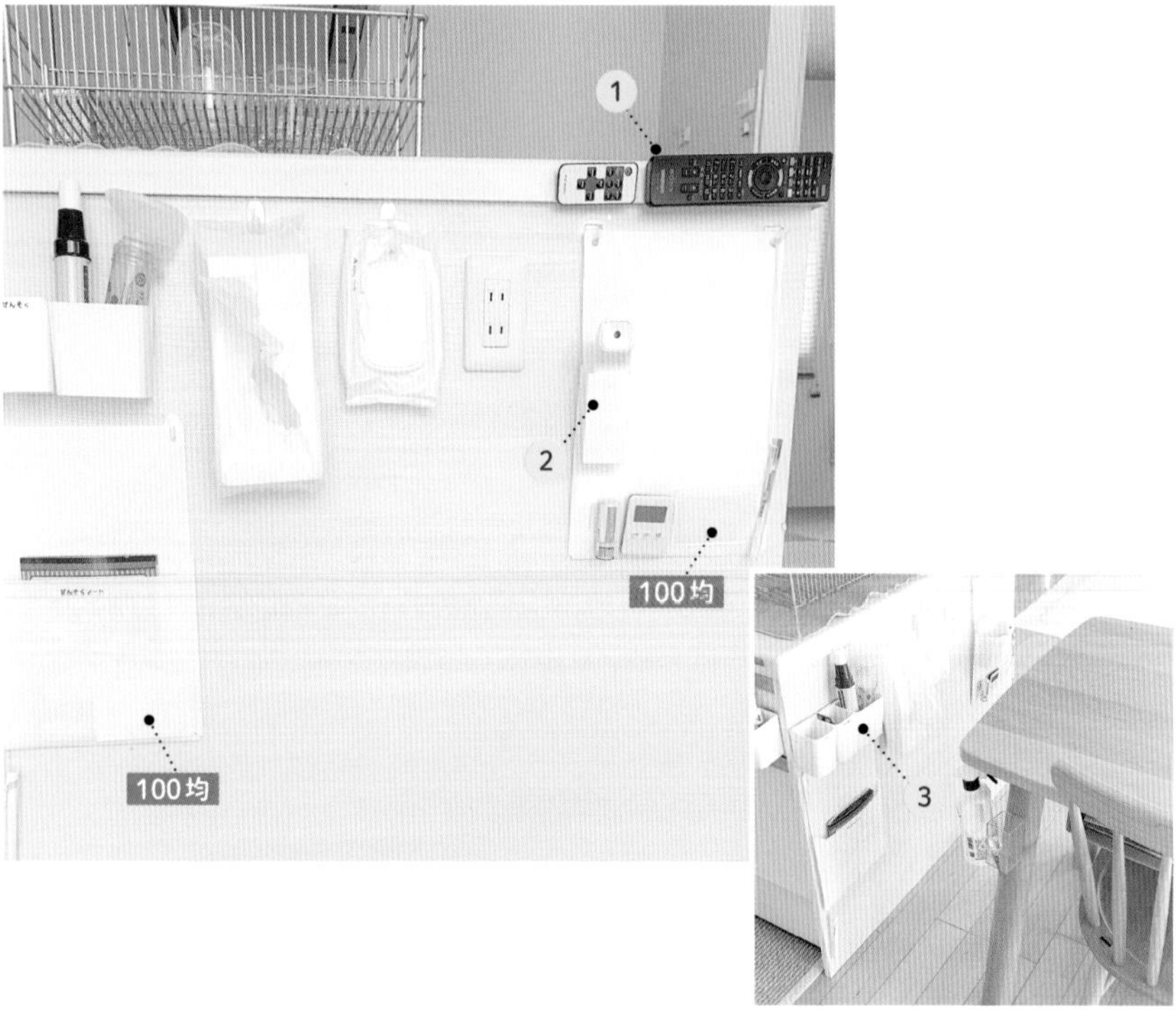

食事の時間に立たないための仕組み

私がいつも座るダイニングテーブルの席は、キッチンの真横。座ったまま左手を伸ばせば簡単にとれるよう、ティッシュやウェットティッシュは、キッチンのサイド面に透明のフックをつけて掛けています。

「ママ、ティッシュとって！」

「サラダ、こぼしちゃった！」

そんなとき、一度テーブルに座ってまた立ち上がるのが面倒だったので、立ち上がらなくても座ったままとれる仕組みをつくったのです。

食事をするとき、掛けてあるウェットティッシュをとって、食卓に出しておくこともあります（真ん中に置いておくから自由に使ってねスタイル）。

小さなことですが、どうしたら家族みんなが快適に生活できるのか、それを1つずつ追求していき、解決していくことが、快適な生活に近づくための近道です。

1

リモコンはマジックテープで浮かせる

テレビのリモコンもキッチンのサイド面にマジックテープで貼って浮かせています。簡単に取り外しができますし、定位置を決めることで、家族全員が戻しやすくなります。また、貼り付けたままリモコン操作ができる場所を選んでいるのもこだわりポイント。この収納のおかげで床やテーブルの上に無造作に置かれるということがなくなり、リモコンを探す手間もなくなりました。

2

子どもの体温計セットは出しっぱなし収納

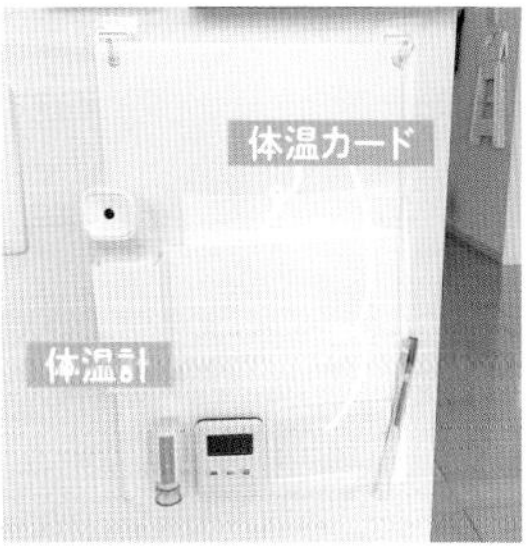

毎朝使う体温計セットもキッチンのサイド面に設置。朝食時に視界に入るので測り忘れ防止になります。ボールペンは、フタ部分を紐で吊り下げて「自然と戻すことができる」仕組みにしています。体温カードは、取り出してすぐ記入できるよう、折らずにそのまま収納できる厚みのないウォールポケットに。出しっぱなし収納はシンプルで空間に馴染むものを選ぶのがポイントです。

3

食後の薬はテーブルの近くに

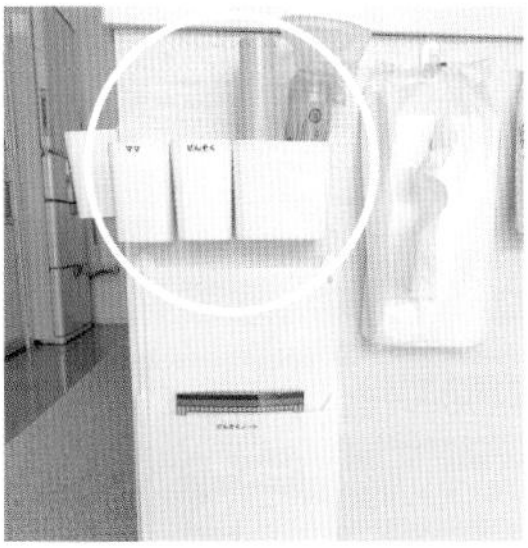

次男と私は毎日薬を飲んでいるので、夕食後にそのままテーブルで薬が飲めるよう、キッチンのサイド面に薬の収納場所をつくりました。私と次男の薬がわからなくならないよう、それぞれ別に薬入れをつくってラベリング。ダイニングテーブルに座ったまま薬がとれますし、夕食を食べ終わったあと、自然と目に入るので、飲み忘れ防止にもつながります。

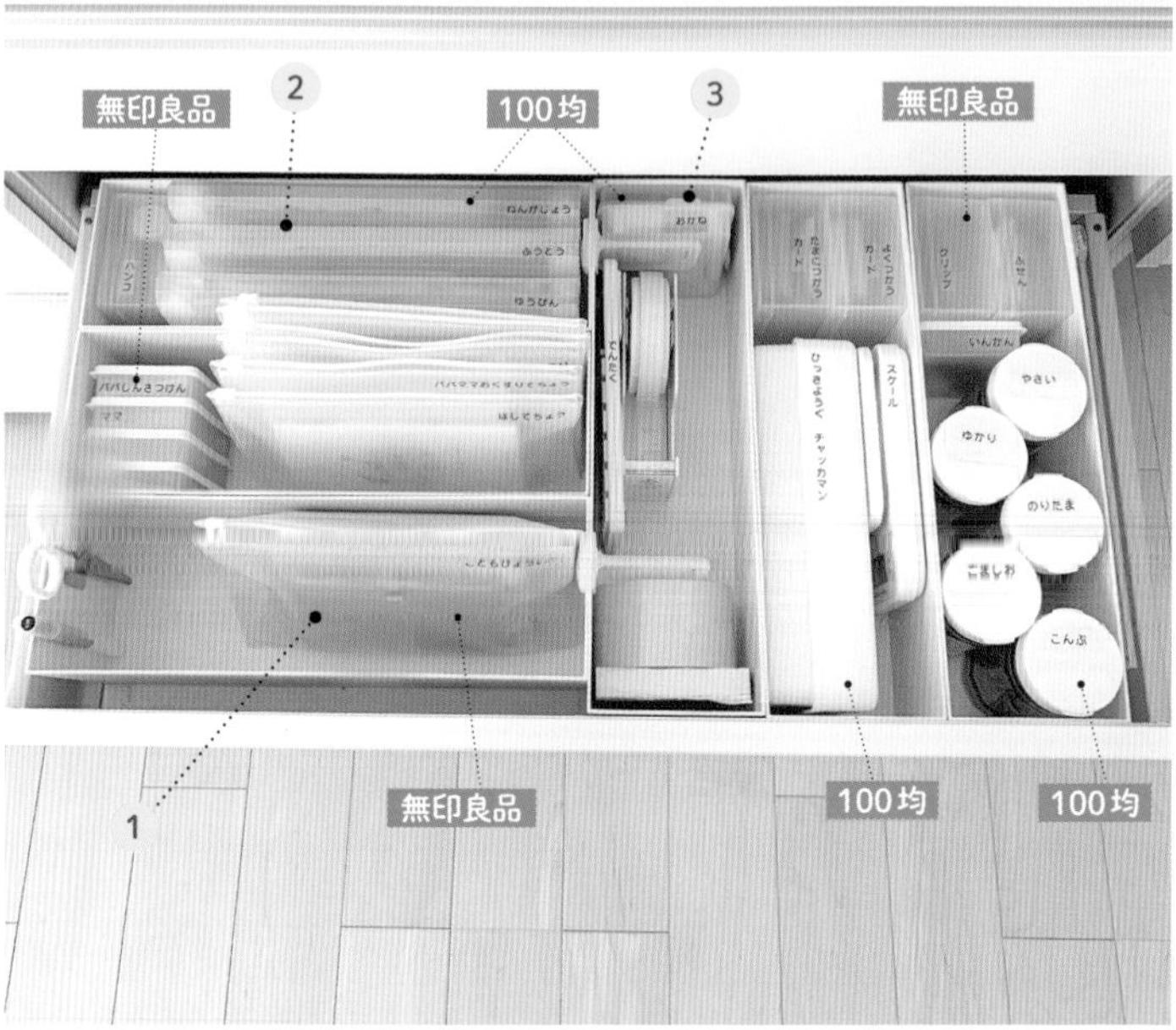

よく使う生活グッズはまとめて収納

ダイニングテーブルの後ろにある引き出しには、よく使う生活グッズを収納しています。子どもたちも取り出せる高さの引き出しに収納し、ケースに貼っているラベルも子どもがわかるようひらがなにしています。

電卓、セロハンテープの他、使用頻度の低い文具とダイニングテーブルで年に数回使う着火マンを白いボックスにまとめて収納しています。

また、食卓で使うふりかけも収納しています。私がダイニングテーブルに座ったまま後ろを振り返れば取り出すことができ、子どもたちも無理なくとれる高さにあるからです。

食品と文具を同じ引き出しに収納することに抵抗がある人もいるかもしれませんが、「これはこうあるべき」といった固定観念を捨てて「みんなが使いやすい」を優先し収納を整えることが、「楽にキレイ」を叶えてくれます。

1

病院グッズは1つにまとめておく

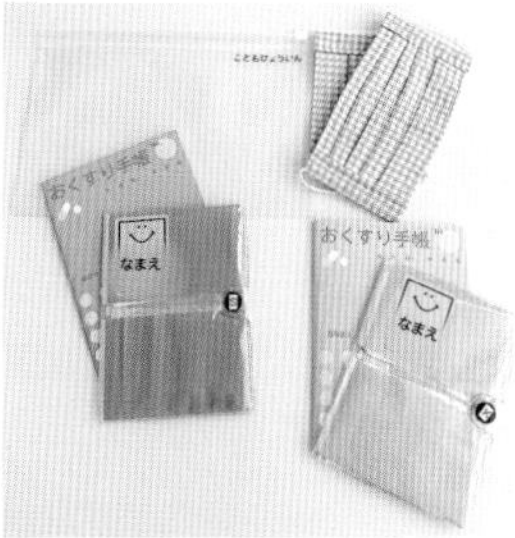

子どもたちの診察券、お薬手帳、マスクをまとめて無印良品のジップポーチに入れて「こどもびょういん」とラベリングしています。子どもに「びょういんポーチとってきて」と伝えれば、出発までの行動が時短できてスムーズです。また、長男はブルー、次男はイエローのお薬手帳で、診察券ケースもその色に合わせて折り紙でアレンジ。病院でも色で見分けてすぐに取り出せるので便利です。

2

郵便・年賀状・封筒ファイルもひとまとめに

郵便ファイルの中には、切手やハガキ、宅配便の送付状や「こわれもの」シールなどをまとめています。「何かを送りたい」ときはこのファイルを取り出せばOK。年賀状ファイルには喪中ハガキ、宛先一覧、企業、パパ、ママに分けて1年分のみ収納。封筒ファイルには、太・中・小の3サイズの封筒を入れています。封筒は可愛いハンコでアレンジしたいのでハンコもすぐ隣に収納しています。

3

いざというときのために「お金」も収納

ここには100均のケースに入れた「お金」も収納しています。代引き荷物を受け取るときや、町内会費の集金のときなど、急な支払いがあるときにすごく便利です。子どもたちが保育園に通っていた頃は、写真代など小銭で支払う機会が多く、そのときもすごく役立ちました。お釣りがないように、ピッタリの金額をすぐに準備できるのはノンストレスでおすすめです。

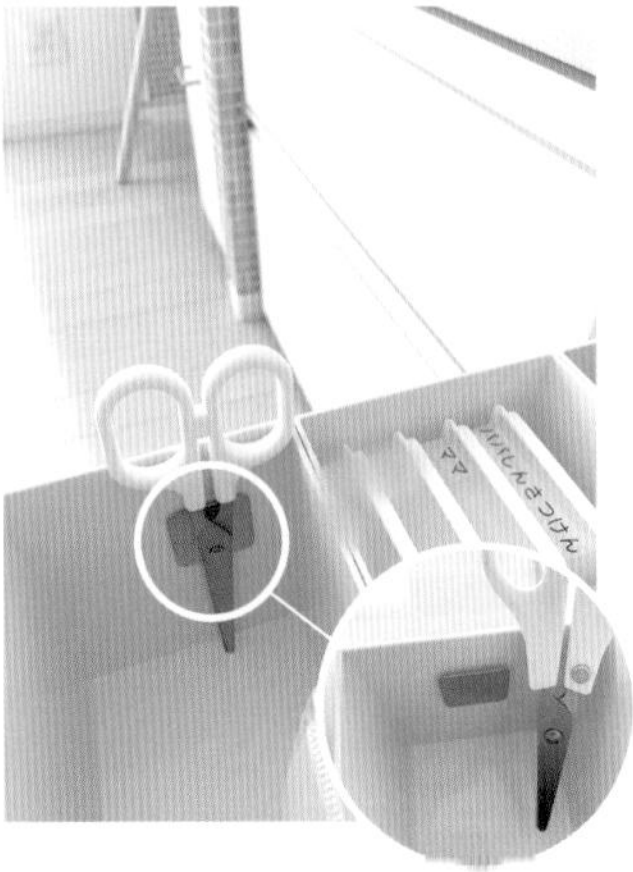

ハサミはマグネットでくっつける

ハサミに100均の強力マグネットを接着剤で取り付け、ダイニングテーブルの後ろの引き出し内のボックス内側にマグネット補助板をつけて、そこにくっつけて収納しています。マグネットにつけることで、引き出しを開け閉めするときにもハサミがずれることなく取り出しやすいです。また、省スペースで収納できるのでおすすめです。ハサミはよく使うので、キッチンの前面収納でも扉の内側に同じように収納しています（123ページ参照）。

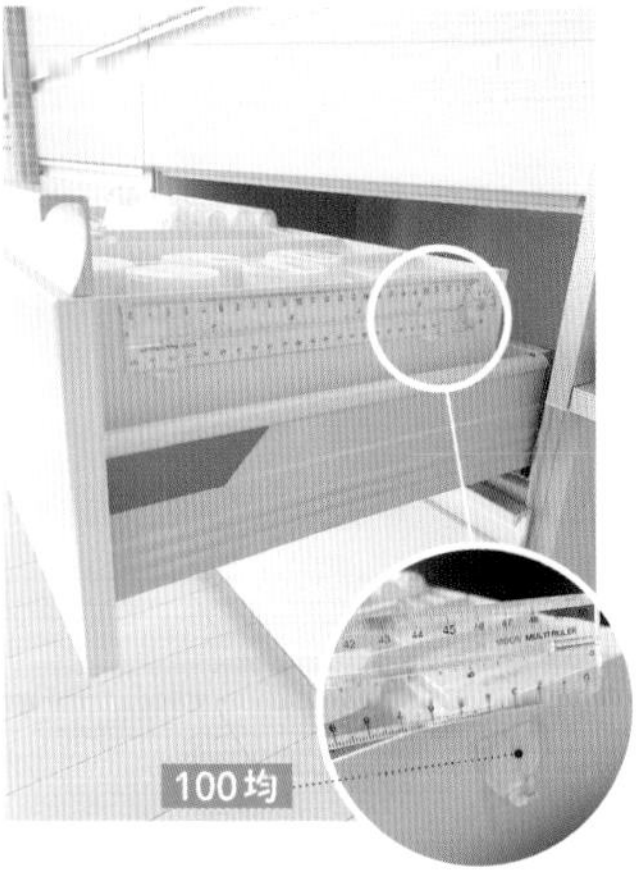

ものさしの画期的な収納方法

ダイニングテーブルの後ろの引き出しの日用品収納には無印良品の収納ボックスを使っているのですが、そのサイド面を使って、50センチのものさしを収納しています。収納方法は、２カ所にクリアフックをつけてフックに乗せるように置くだけ。扉の開け閉めの際も落ちたりズレたりしません。ちなみに、ものさしは半分に折って収納できるタイプのもの。サイドスペースをうまく利用することでスマートに収納できています。

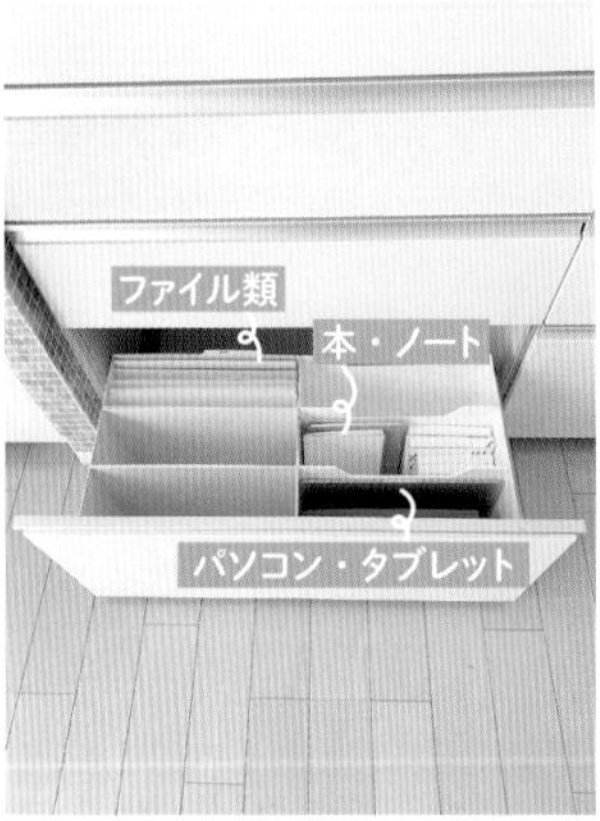

本やパソコンは
引き出しの中に立てて収納

ダイニングテーブルの後ろの引き出しにピッタリ合うニトリと無印良品のファイルボックスを６つ入れて、ファイル類、本やノート、パソコンとタブレットを収納しています。すべてのファイルボックスに物を入れるのではなく、余白や空間をある程度残しておくことを大切にしています。引き出したとき、空間のゆとりを目で見て感じることで、気持ちに余裕が持てます。

炊飯器にも収納場所をつくる

炊飯器はキッチンのカウンター上に置いて使っていますが、引き出しの中にもしまえるよう、使う場所のすぐ近くの引き出しに定位置をつくっています。

炊飯器は出しっぱなしが当たり前と思われがちですが、それだと後ろなど見えない場所の汚れが溜まりやすくなります。なのでキッチンをスッキリさせたいときや気が向いたときには収納するようにしています。

収納を考えるときは、固定観念をなくすと新しい発見があります。

何も入っていない引き出しをつくる

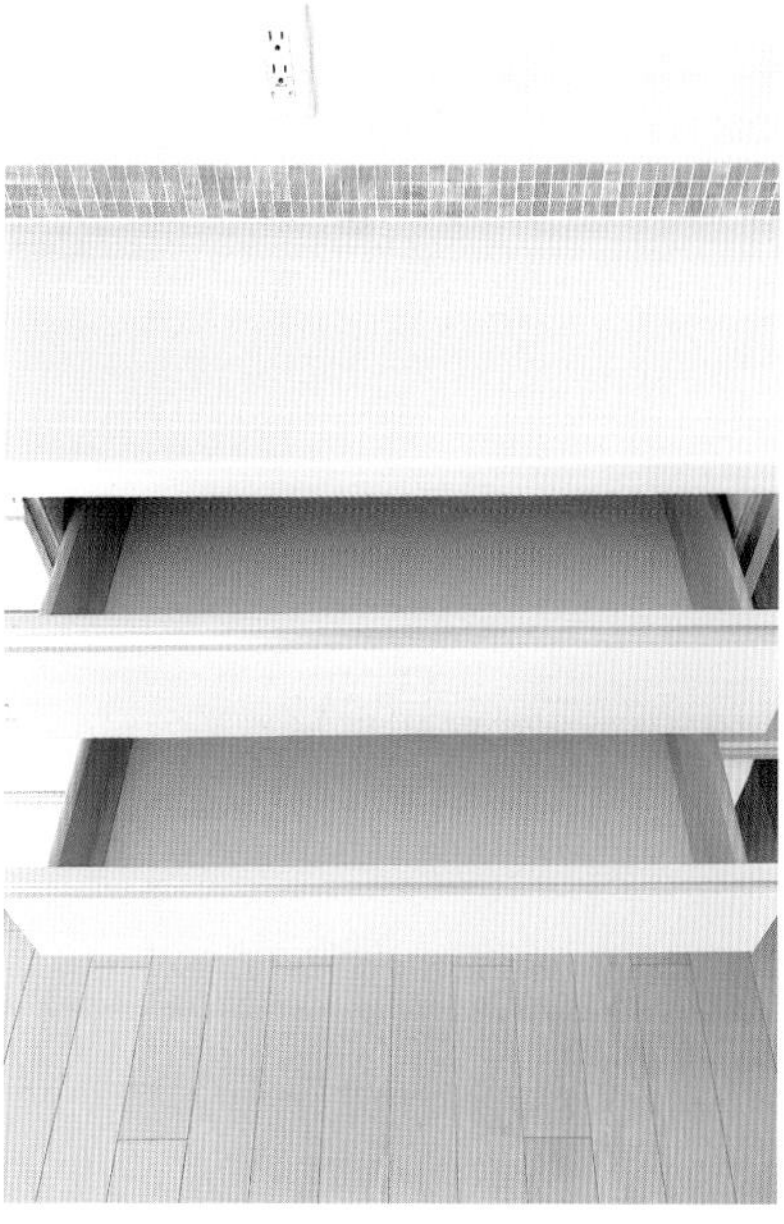

以前の私は、空きスペースがあると、「物で埋めなきゃ！」と思っていました。しかし、空きスペースは生活を快適にしてくれます。物が増えても、すぐに収納場所があると思えば気持ちも楽になります。

また、祖父母などからお菓子をたくさんもらったときの一時置き場などとしても使えるので便利です。

収納はメリハリが大事。「収納場所には空間を無駄にしないように整えてしっかり入れる」「空きスペースはまるごと空ける」ことをいつも意識しています。

ラジコン
カラーペン
アイロンビーズ
さいふ
カードゲーム
ゆうびんいちじおき
いちばんすき
ラキュー
くすり
バンドエイド
ラキュー
にばんにすき
ラキュー
Kおかね
オキシメーター
メガネ
シール
ドライバー
いちばんすき
キーホルダー
エネループ
Sおかね
でんち
生活
保健
がっこう
がっこうグッズ
漢字辞典
マインクラフト

子どもでも探せる薬の収納

絆創膏《ばんそうこう》や塗り薬など、よく使う薬はキッチンの前面収納に無印良品の3段ボックスを入れて立てて収納しています。立てて収納することで取り出しやすく、空間も無駄になりません。

ボックスの中は、100均の好きなサイズに仕切ることができる仕切り板を使って、大人の指でも無理なく取り出せる大きさに仕切っています。また、仕切り板に、ひらがなとカタカナでラベリングすることで、子どもたちも自分で薬を探して使うことができます。

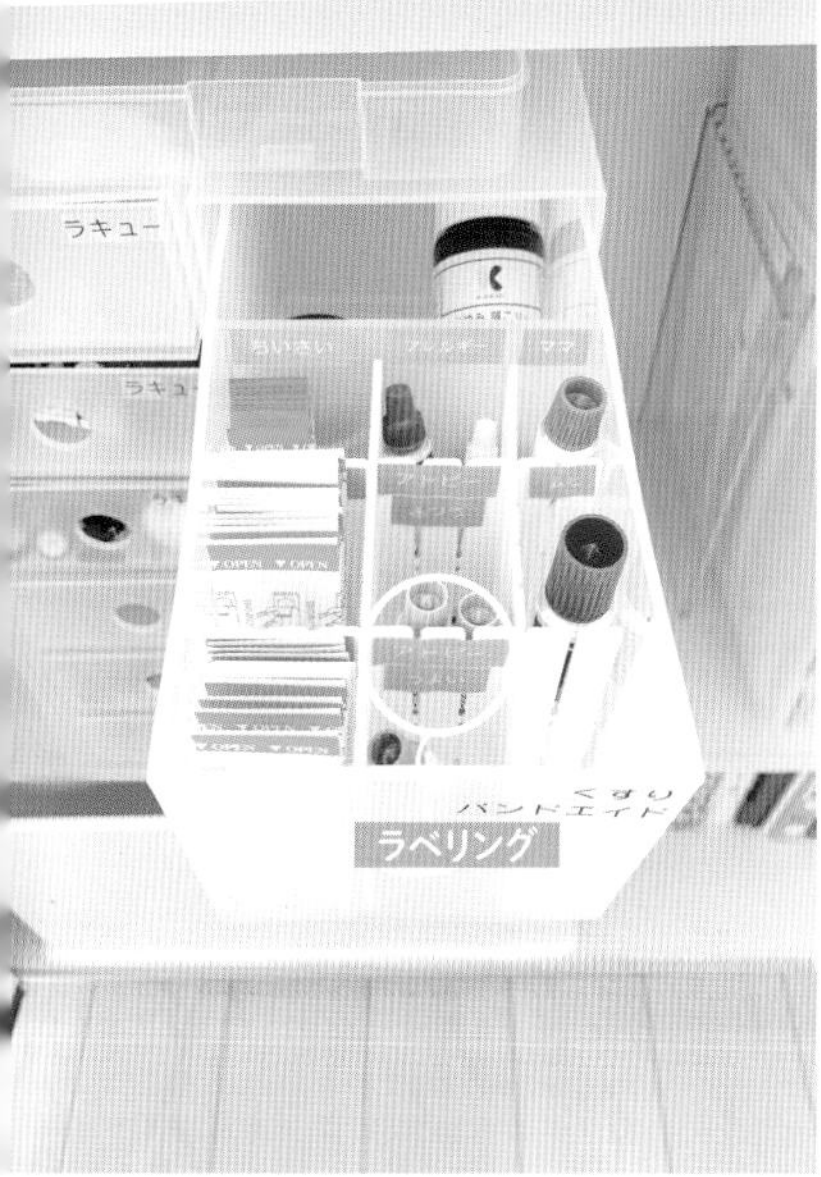

使うときのことを考えた電池収納

電池も、キッチンの前面収納に収納しています。「エネループ」「使い捨て電池」「ボタン電池」の3つを常備していて、エネループ用の充電器と電池交換時に必要なドライバーも一緒に入れています。

ボタン電池は「車の鍵」と「玄関扉の自動ロック用」にしか使わないのですが、買いもの時に「品番がわからない」ということがあるので、収納する場所の底に番号をラベリングして、買いものの前にこの部分をスマホで写真に撮るようにしています。

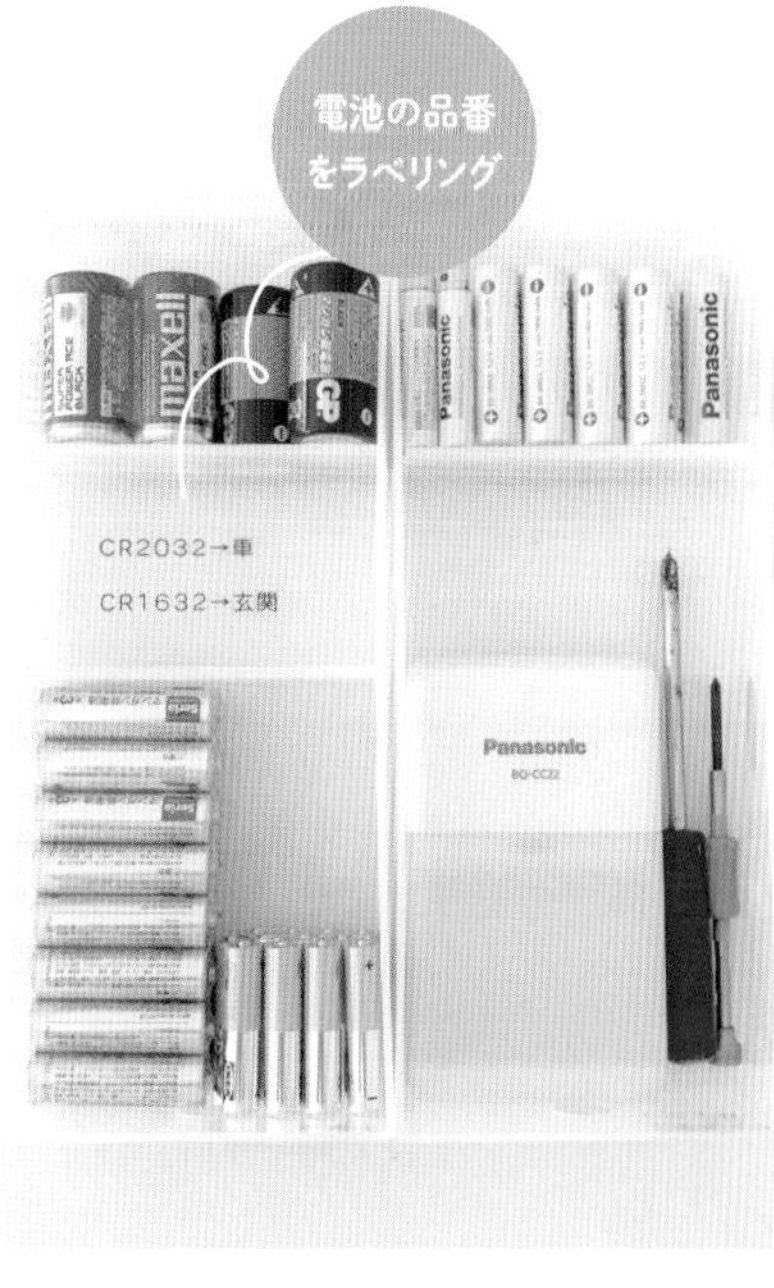

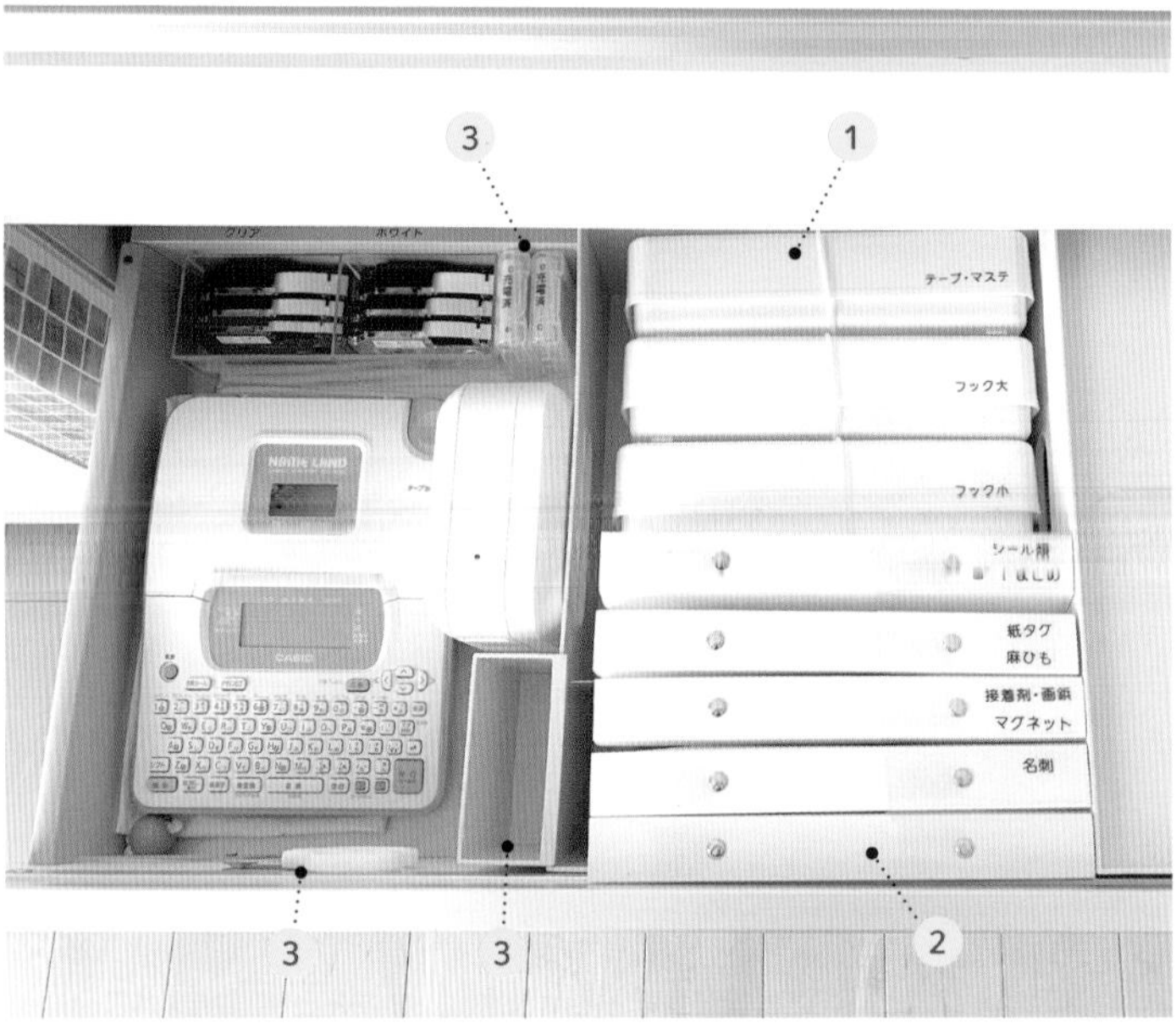

収納グッズは1カ所に

収納は気になったらすぐに見直すことが多い私。なので、思い立ったら即作業ができるよう、収納グッズは1カ所にまとめて収納しています。

ダイニングテーブルで作業をすることが多いので、収納場所はテーブルの後ろにある引き出しの中の1つ。テーブルに座っていても、後ろを向いて手を伸ばせばすぐに届きます。

特によく使うラベルシールがつくれる「ネームランド」は、すぐ使えるように引き出しにそのまま入れています。最近は、スマホでラベルを簡単にデザインできる「ピータッチキューブ」も活用しているので、それも一緒に収納しています。

使用頻度の高い収納グッズを1つの引き出しの中にまとめておくことで、「作業をするときはここを開けるだけでいい！」と思え、日々使いやすいなと実感しています。

1

フックとマスキングテープはボックス収納

よく使うフックとマスキングテープはそれぞれ100均の白いボックスを使って収納しています。使用頻度の高いフックはさらに「小フック」「大フック」と２つに分けています。また、収納ボックスのフタが開いてしまわないように、100均のシリコン紐をカットして輪をつくり巻いています。クリアカラーなので目立ちませんし、引き出しを開けたときもスッキリして見えます。

2

シール類は100均の手帳型ケースを活用

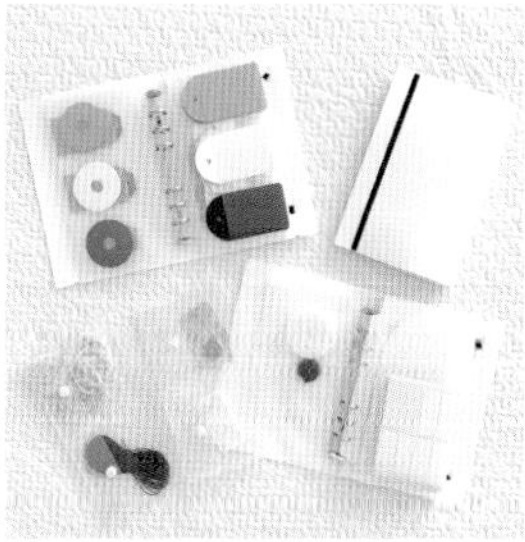

紙タグやシール類は、100均の手帳型のケースに入れて「めくる収納」にしています。使っている紙タグやシールの種類が多いため、ボックスなどに入れてしまうと、使いたいタグやシールをその中から探さなくてはならず、ストレスだからです。手帳型であれば、めくるだけで探しているものが見つかり、時短につながります。見た目もスッキリ収納できるのでおすすめです。

3

ネームランドの近くに電池やハサミも収納する

その場でラベルシールをつくってゴミも捨てられるように、ネームランドの右側に小さなポケットケースをゴミ箱として収納しています。また、ハサミも引き出しの内側に収納していて、ここだけで必要なものが揃うようにしています。電池が切れてもすぐに使えるよう、充電済みの電池も近くに。さらには、２階などに持ち出すとき用にネームランドの下に布袋も用意しています。

書類は2カ所に収納場所を分ける

我が家では、さまざまな書類をポケットが複数ある100均のファイルに入れ、2カ所に分けて収納しています。

見返すことが多い書類は1階に、たまにしか見返すことがない書類は2階に収納しています。

1階に収納している書類は、保管しておく必要がある生活書類や、学校の必要書類など。使用頻度も高いので、簡単に無理なく収納しやすいように、玄関からリビングに入ってきたときに入れやすいキッチンの前面収納に保管しています。

一方、2階に収納している書類は、家具や家電の取扱説明書や保証書など、保管していないと「いざ！」というときに困る、でも滅多に見返すことがないものです。

1カ所にまとめてあったほうがいいように思うかもしれませんが、普段あまり見ないものを1階のメイン生活スペースに保管しておくのはもったいないですし、きちんと分類ができていれば、どの書類がどこにあるのかと混乱することもありません。

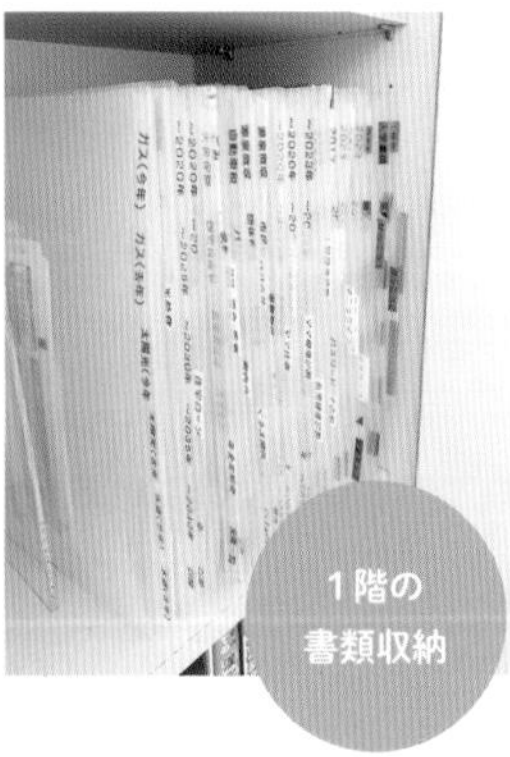
1階の書類収納

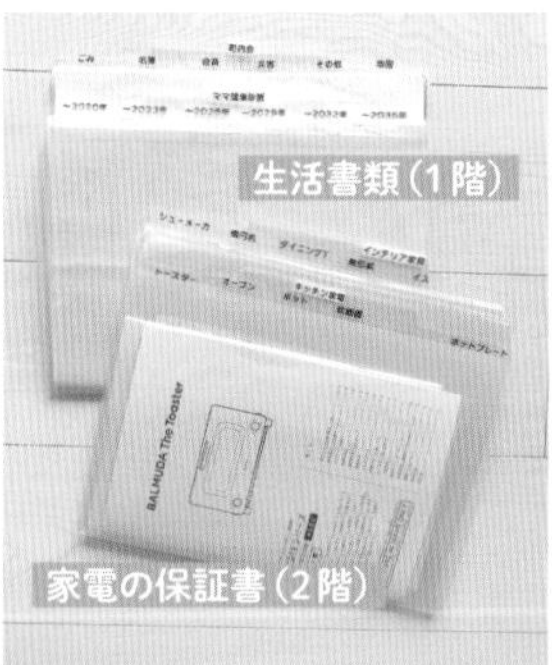
生活書類（1階）
家電の保証書（2階）

2階の書類収納

カップボードの上は基本的に何も置かない

おうち時間を楽しみたいときに、お花を飾るときもあるけれど、我が家では基本的に「決まったインテリア」は置いていません。それは、物を置くと一旦どかして掃除しなければいけないことが手間だからです。でも、インテリアが大好きで、飾ってあるのを見ることで癒されて、掃除も苦にならないという人は、それがその人にとっての正しい収納です。

人それぞれなので、自分や家族にいちばんしっくりくる生活スタイルを発見していくことが大切です。

「傘ホルダー」でスプレー収納

ダイニングテーブルを掃除するときにいつも使う除菌スプレーは、100均の「傘ホルダー」を机の裏に直接貼って円形フックのようにして、そこに掛けています。

すぐ隣にかけてあるダスターをとって、そのままサッと机の掃除ができる仕組みです。

大きめのスプレーなのでどこに置いても目立ってしまいますが、机の下という死角スペースであればスッキリ収納できますし使いやすさも抜群です。

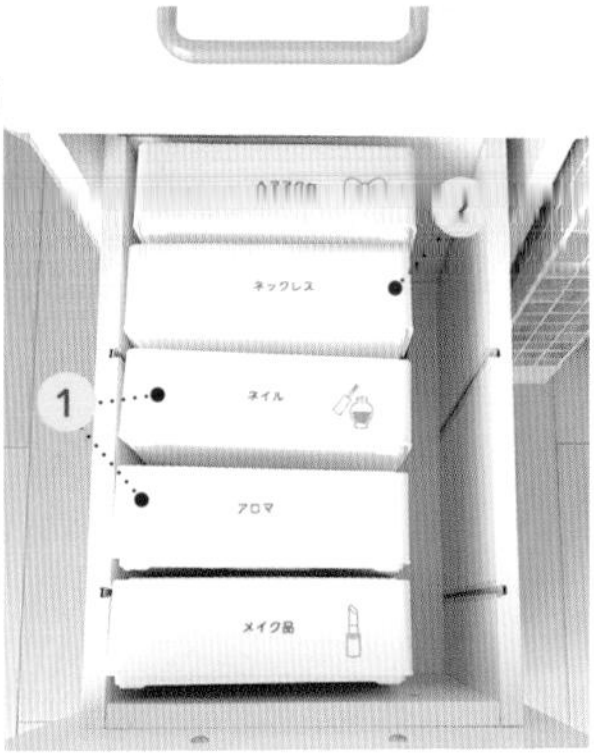

メイク用品やアクセサリーは3段収納に

ダイニングテーブルの後ろには私がメイクなどをするスペースがあり、ここにニトリのキャスター付きの３段収納を置いています。

いちばん下の引き出しは深いので、白い１００均のボックスを縦にして手前からよく使うもの順に収納しています。

化粧品のストックや、たまに使うアクセサリー、ネイルセット、アロマグッズをカテゴリーごとに分けて見やすく&取り出しやすくしています。

縦にして収納している分、取り出すときにフタが開いてしまいやすいため、１００均の黒いゴムで固定しています。白いボックスに黒いゴムは目立ちますが、収納した際にはほぼ見えないので問題なし。

高さがある引き出しの場合は、物や収納ケースを引き出しの高さに合わせて収納することで、無駄の少ない収納が完成します。

1

ネイル用品・アロマグッズはボックスに入るだけ

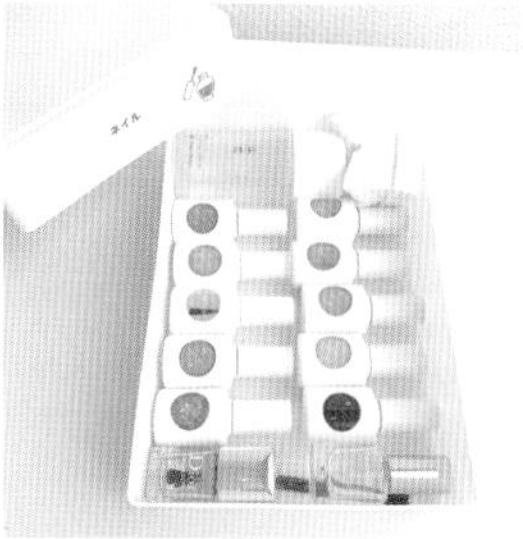

ネイル用品やアロマグッズはこの中に入るだけと決めて収納しています。またネイルは、除光液とコットンも同じボックスに入れています。ネイルをするときは、今塗っているカラーを除光液とコットンで落としてから、次のカラーを塗ることが多いので、セットで収納しておくと、ネイルを塗るのがスムーズで便利です。

2

気分が上がるアクセサリー収納

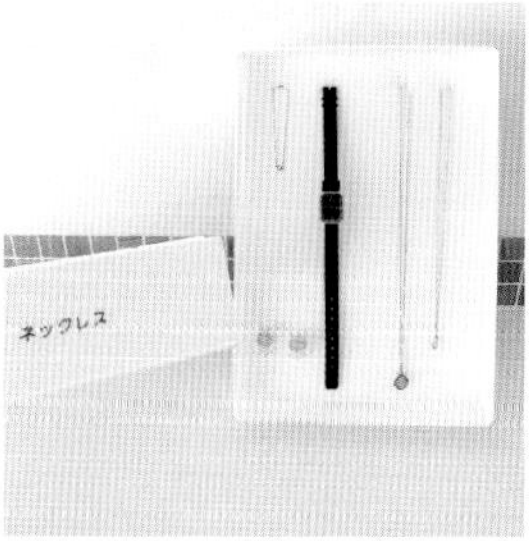

アクセサリーは、普段よく使うものはリビングにありますが（23ページ参照）、たまに使うものはここに収納しています。収納ボックスの中にメラミンスポンジを敷き、カッターで切れ目を入れ、そこにアクセサリーを入れ込んで収納しています。ボックスを開けたとき見やすくキレイなので、出かける前に「どれをつけようかな」とテンションが上がります。

3

メイク用品は持ち運びができるように

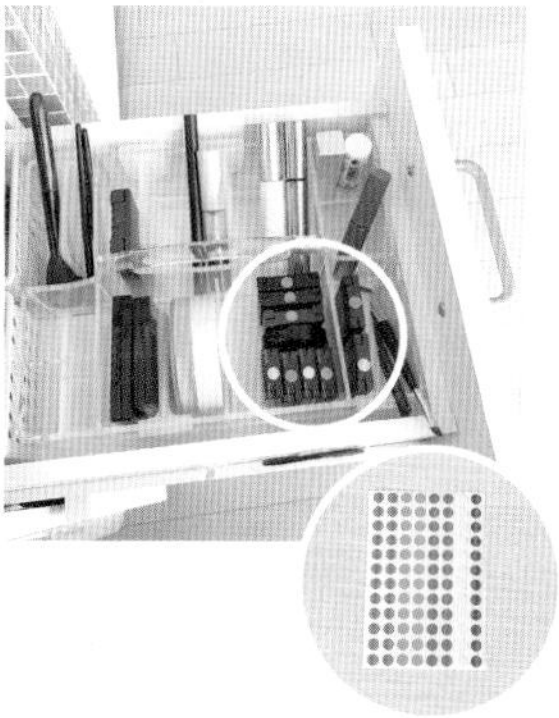

毎日使うメイク用品はニトリの手持ち付きのクリアケースに入れて100均の仕切り板で仕切って収納しています。汚れることを想定して丸洗いできる素材を選びました。持ち手がついているので、ボックスごと持ってテーブルに移動し、子どもの勉強を見てあげながらメイクすることも。たくさんあるアイシャドウにはカラーシールを貼り、中身を開けなくてもカラーがわかるようにしています。

簡単・手軽におうち時間を楽しむ方法

1 1分でできる！ リビングの模様替え

模様替えは何か特別なことをしなくても、ダイニングテーブルを移動するだけで毎日当たり前だった景色が変わって見え新鮮です。

「テーブルは絶対ここって決める必要なんてないよね。柔軟に気分で変えたらいいじゃん！」

そう考えて少し変えたら、「このリビング、なんかいいかも！」と、ウキウキした気分に。ダイニングテーブルの位置を変えるだけで、目線の先には外の風景が見えるようになり、座るたびに穏やかな気持ちになります。

物を買わずとも、少し家具を移動するだけで模様替えできるのでおすすめです。

2 おうち宿

我が家は1人1枚シングルのマットレスで寝ています。持ち運びもスムーズなことから、長期休みにはリビングのど真ん中にマットレスを並べて寝て、みんなで旅行気分を味わっています。

寝る前に布団の上でトランプやヨガをしたり。いつもと過ごし方が違うだけなのに、子どもたちは大興奮。

寝る場所も固定せず変化を楽しむと、毎日がもっと楽しくなります。

3 入浴剤で簡単ルームフレグランスづくり

お気に入りの香りのバスソルト。「入浴時間以外ももっと香りを楽しみたい！」。そう思って、入浴剤をお茶パックに入れてルームフレグランスをつくりました。カーテンフックで吊り下げ、リビングのカーテンレールにつけたら、風とともにいい香りがふわっと香ります。洗面所に掛けたり、洋服収納の中にも忍ばせたりしています。

高いルームフレグランスを買わなくても、手軽に生活の中に「香り」を取り入れることができるんです。

和室 Japanese-style room

リラックスできる家族の癒しの空間

我が家の和室はリビングからつながっています。戸を開けているときはリビングの一部ですが、閉めると個室のプライベート空間になるので、休日の昼間にビーズクッションを持ち込んでリラックスタイムに使うなど、いろいろな使い方をしています。

また、和室の押し入れ部分は、階段下の納戸（112ページ参照）ともつながっている変わった形の収納になっています。

比較的大きなスペースで、子どもたちのすべての服と普段着る私の服は、押し入れの中のスチールラック（52ページ参照）に掛けています。

家を設計する際、和室にリビングの窓と同じ高さに窓をつくってもらい、風が通るようにしました。

暖かい季節は、両方の窓を開けっぱなしにすると家の中でも風を感じることができ、昼寝も気持ちがいいんです。

和室もお気に入りの場所です。

家族みんなで和室で就寝

寝室を使わずに、和室で家族全員が寝るというのが最初は違和感がありましたが、いざ始めてみるとすごく楽で快適。やめられなくなりました。

朝起きたらマットレスは3つ折りにたたみ、少しずつ場所を変え、壁に立てかけています。

1日のほとんどをリビングと和室で過ごすことで、「寝て起きる」「起きたらご飯を食べる」「食べたら着替える」「宿題をしたら学校の準備をする」「学校の準備が終わったら遊ぶ」「遊び終わったらご飯を食べて寝る」、そんな毎日の行動の流れがナチュラルに、無理なくできます。

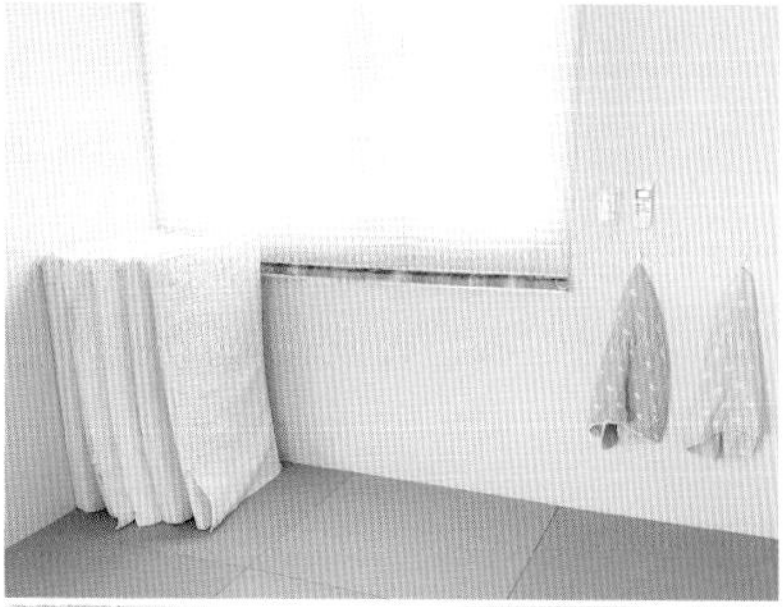

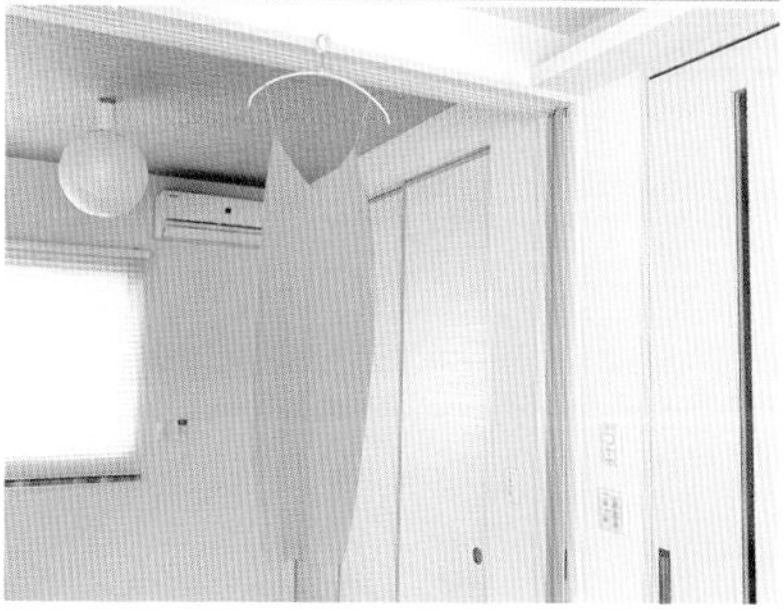

朝も子どもたちを起こすことがなくなりました。窓のシャッターを開け、リビングと和室をつなぐ引き戸を開けておけば、自然光と生活音で自然と起きてきてくれるからです。子どもたちを起こすという日々のルーティーンも、仕組みを変えるだけでなくすことができるんです。

また、洗濯したワンピースなどは、和室の入口に鴨居フックを付けて、そこに室内干ししています。ここに掛けることで、寝ているときの乾燥対策にもなります。

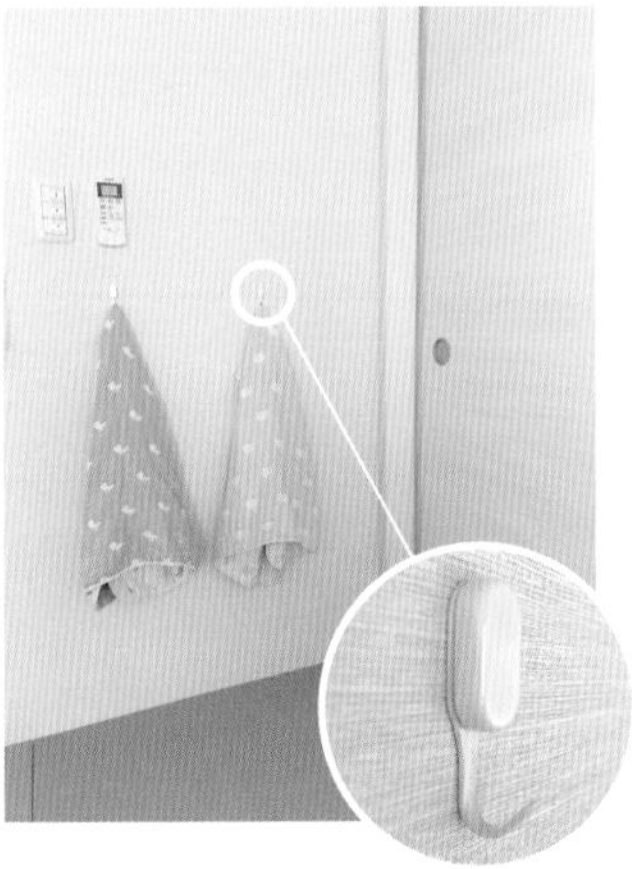

子どもたちの上着は壁に掛ける

寝ているとき、よく布団を蹴ってなかなか掛けていないことが多い子どもたちは、パジャマの上から羽織る上着を小さな頃から愛用しています。その上着は、100均の石膏ボード用フックを壁につけてそこに掛けています。「寝る前にはフックからとって着る→朝起きたらここに掛ける」というシンプルな動作が、今では子どもたちの生活の一部になっています。

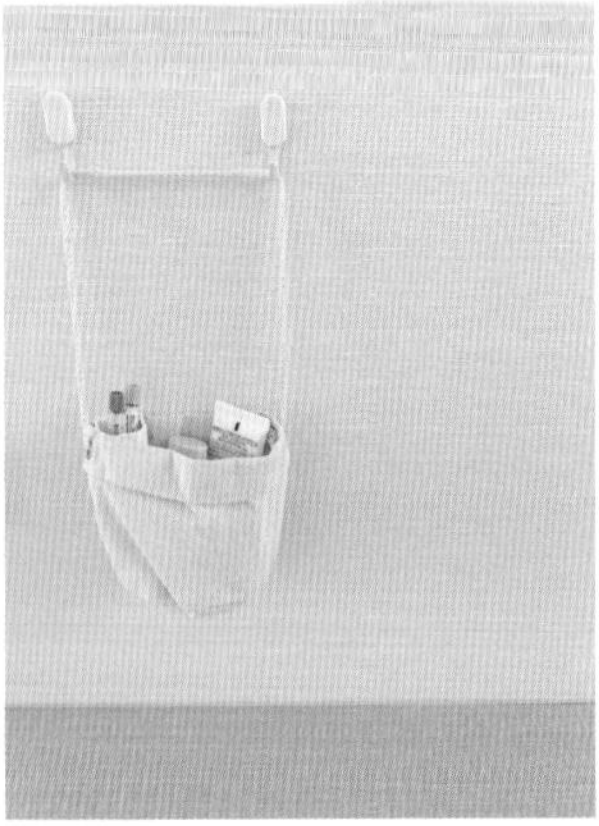

寝る前によく使うグッズも壁面に

枕元近くの壁に、無印良品の観葉植物入れポットを掛けています。ここには、保湿クリームや次男のアトピーの薬などを入れています。次男が夜中に「かゆーい」と言うことがあるので、そんなときにリビングに薬をとりに行くのはちょっと面倒。そこで、ここにちょっとした収納場所をつくりました。寝ているときもすぐに塗ることができるので、すごく便利です。

ボックスにキャスターをつけて子どものパジャマを収納

毎朝、子どもたちは和室で着替えるので、押し入れ内にパジャマを収納しています。着替える場所の近くにパジャマを収納することで、ここで着替えが完結。洋服やパジャマがリビングに散らかることもありません。脱いだものをしまう場所と着る洋服がすぐ近くにあること、それだけで簡単にキレイが続きます。子どもたちにも意見を聞いて収納をつくっているので使い勝手も抜群によいとのことです。

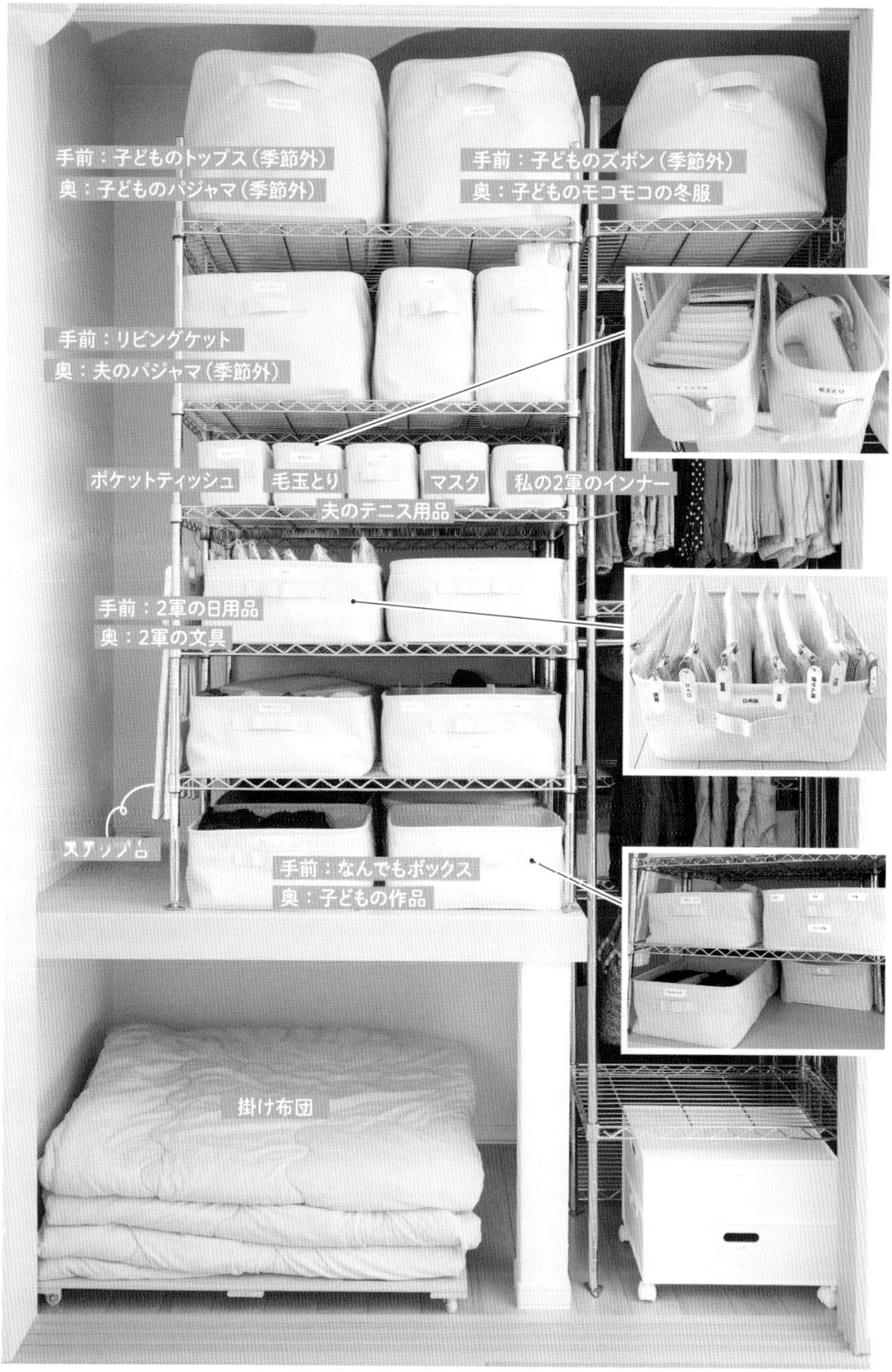
手前：子どものトップス（季節外）
奥：子どものパジャマ（季節外）
手前：子どものズボン（季節外）
奥：子どものモコモコの冬服
手前：リビングケット
奥：夫のパジャマ（季節外）
ポケットティッシュ
毛玉とり
マスク
私の2軍のインナー
夫のテニス用品
手前：2軍の日用品
奥：2軍の文具
手前：なんでもボックス
奥：子どもの作品
掛け布団

使いやすさを考えた押し入れ収納

和室の押し入れの左側上段には「あまり使わない日用品や衣類」、下段には毎日使う「布団類」を収納していて、上段には手前と奥にスチールラックを2つ入れています。

「あまり使わない日用品や衣類」とは、子どもの季節外の服や、季節外のパジャマなど。夫の私服や「学校用品ボックス」（119ページ参照）も押し入れに収納しています。

布団類はまとめて入れると重くなってしまうので、無理なくしまって取り出せるように下段に収納しています。

また、日用品やよく使う衣類は立ったまま取り出せるように、私の胸の位置から頭の位置に収納しています。

押し入れは奥行きがあるので、前後に分けて収納するのもポイントです。

スチールラックの横にはステップ台を掛けて上のものもすぐ取り出せるようにしています。

1

服はハンガーに掛けてたたまない

私の服は、トップスとボトムスに分けてハンガーに掛けて収納しています。「たたまない」というのがノンストレス。洗濯をした服はハンガーに掛けてリビングで室内干し（リビングの加湿にもなります）し、乾いたらそのまま掛けてしまうだけ。時短になり負担も少ないです。嫌いな家事は手間をかけずに、とにかく楽ができるような仕組みを考えています。

2

布団はキャスター付きのすのこの上に

奥行きのある押し入れに寝具を入れたり出したりするのは少し大変。なので、布団類はキャスター付きのすのこの上に収納しています。キャスターを引き出すだけで取り出すことができるのですごく便利です。また、押し入れは湿気がこもりやすい場所なので、通気性があるすのこの上に置くことで布団に湿気も溜まりにくく衛生的で、掃除も簡単です。

3

布製のソフトボックスがおすすめ

押し入れの収納ボックスは、無印良品のソフトボックスを使っています。すごく優秀でおすすめです。布製で柔軟性があるので、もう少しだけ入れたいときも入れ込むことができます。また、高い場所から取り出すときも、持ち手がついているので楽々片手で取り出せます。万が一、ボックスごと床に落としてしまっても、ボックスが布で柔らかく軽量なので怪我もしにくく安全です。

子どものアウター
学校用品
私のパンツ
私のトップス
子どものズボン
物干し
子どものトップス
子どものパジャマ

押し入れ収納にはスチールラックを採用

押し入れの右側のスチールラックは前後に2つずつ入れ込んでいて、手前は和室側から、奥は玄関側から取り出せるようにしています（113ページ参照）。

スチールラックを採用したのは、通気性がよく、自由に棚板を追加したり棚板の高さを変えたりできるから。棚に置く収納ボックスは入れるものによってサイズを変えているため、スチールラックなら、気軽に置き場所を変えられる仕組みをつくれると思ったからです。

押し入れの右側は、小さいスチールラックを4つ組み合わせて洋服や子どもたちのパジャマなどを収納しています。子どもたちが大きくなってそれぞれ子ども部屋で生活するようになったら、スチールラックをそのまま持ち出して使うことができます。

今だけでなく、今後予想できる生活スタイルの変化まで考えられると、無駄がない収納につながります。

また、タグを切り忘れていたり、ちょっと糸が出てしまったりしているときにサッと切れるよう、ハサミの裏に強力なマグネットをつけて、スチールラックに貼って収納しています。

Column 1

収納に目覚めたきっかけ

私はもともと部屋は散らかし放題の超ズボラ人間でした。「掃除なんて大嫌い、収納って何？」と思っていたほど。そんな私がなぜ整理収納に興味を持つようになったのか。

それは、3人目の子どもを死産したことがきっかけでした。しばらくは家の中に引きこもり、眠っているとき以外は、ずっと泣いて過ごしていました。

そんな生活が続いたある日、リビングの雑巾掛けをしたんです。すると、雑巾掛けをしている間だけは、イヤなことを忘れていることに気づきました。ピカピカになった床を見ていると、気持ちもなんだかスッキリしていたんです。

「すごい！　掃除っていいことばっかりじゃん！」。そう思った私は、家中を掃除して整理し、それこそ引き出しの中まで整えて、もっともっと家をキレイにしたいと思うようになりました。

こうして収納に夢中になっていく中、少しずつ哀しみから解放され、気がつけば笑顔が増えていったんです。

あのつらい出来事がなければ、収納に目覚めることはなかったと思っています。収納を通して手に入れた「私のシンプルライフ」は天国の娘からの贈り物であり、一生の財産となりました。

収納は、前向きに1日1日を大切に生きるために役立つと、私は信じています。

Chapter 2

キッチン

～無駄な動きを限りなく減らす～

キッチン kitchen

いかにスムーズに動けるかを重視

キッチンでのメインの仕事は、食事をつくることと食器の出し入れなので、いかに歩数を少なく移動して、時短でスムーズに料理ができるか、食器の出し入れを無駄なくできるか、この2つを重点的に考えて収納を整えています。

毎日行う家事は、自分のためにどんどん楽にしたい。失敗を繰り返しながら、とことん時短ができる「楽で使いやすくて美しい収納」を叶えました。

アイランドキッチンの真横にダイニングテーブルを置いたことで、食事を出すときも片づけるときも動きがスムーズに。また、真っ白なキッチンにしたことで汚れが目立ち、ズボラな私でもキレイさを保てています。リビングから見たときイヤでも汚れが目に入るので、気になったときに掃除ができるんです。

食器や調理器具の収納もすべて、料理のときの1つひとつの動作を考えて出し入れしやすいように工夫しています。これもまた、キッチンのキレイさを保てている理由です。

冷蔵庫収納は基本的に "しっかりやらない" がベスト

冷蔵庫収納は今まで何度かやってみましたが、長続きしませんでした。いつも買ってくる食材が違うので収納ボックスにキレイに入らないんです。

ただ、誰が冷蔵庫を開けても、どこに何があるか見やすい状態にしておくことは心がけています。

奥に食材を置いてしまうと見えなくて腐らせてしまうことがあるので、同一食材ではない限り、なるべく食材は手前に置くようにしています。

またバターや佃煮のり、ジャムといった我が家の定番品は、「パン」「ご飯」とカテゴリーで分けて「えつこの便利収納ラック」の収納カゴに入れています。定番品は、定位置をつくってあげるとスッキリします。

冷蔵庫上段の少し使いにくい場所も、取っ手付きで奥行きがピッタリな収納カゴを使えば、空間を無駄にすることなく「取り出しやすい収納」が叶います。

野菜室は、日々購入する野菜の大きさが違うので、クリアなビニール袋に入れたり、ラップで包んだりして野菜室に入れています。

冷蔵庫を開けたときに「スッキリしているな」と感じて気持ちよく料理できるよう工夫しています。

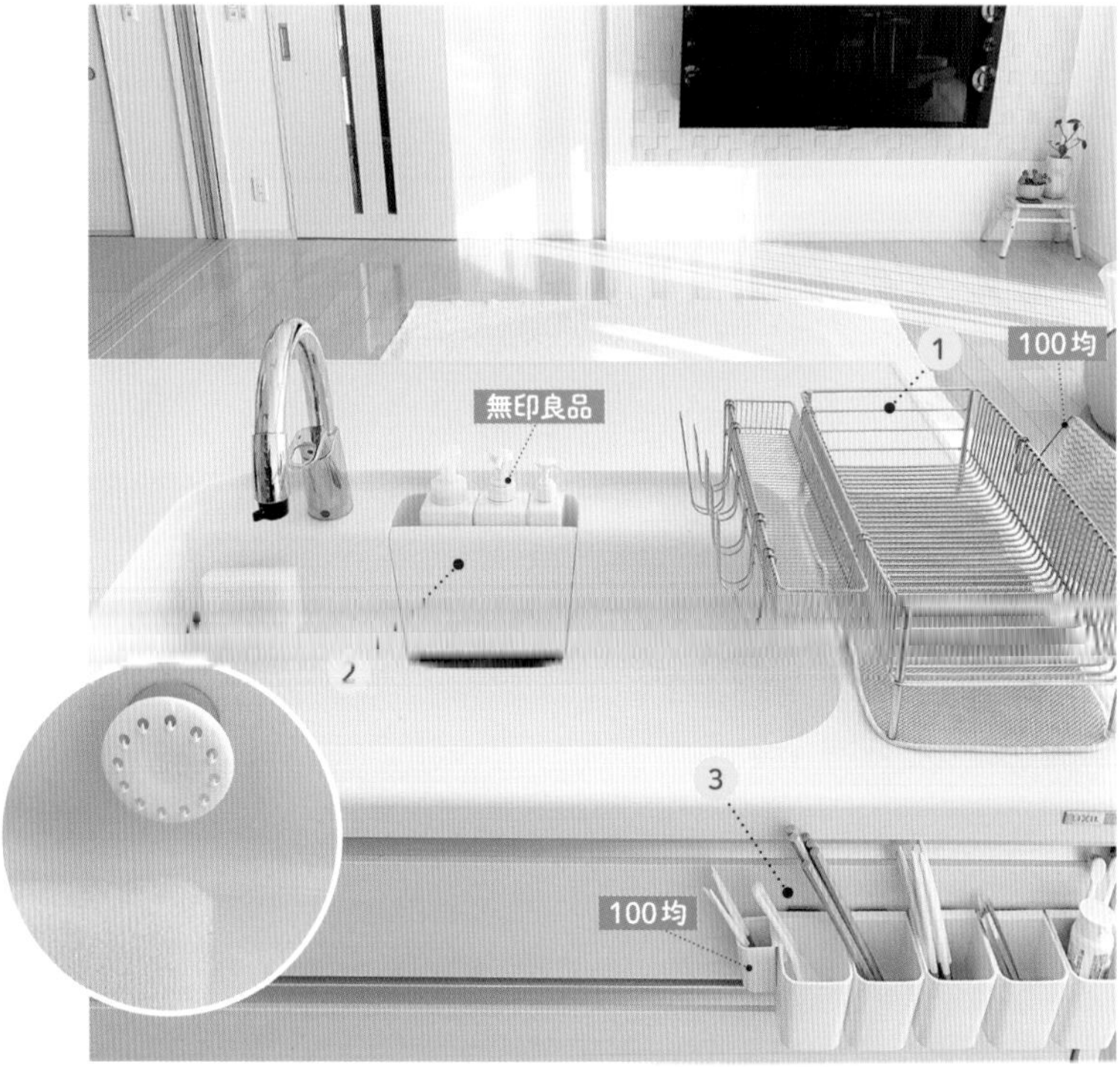

シンクは「1枚の大きなお皿」に見立てる

「白いシンクって掃除大変ですよね」と言われることがあるんですが、ズボラな私には汚れがすぐに目立つ白いシンクのほうが掃除のタイミングがわかるので助かっています。

私はシンク全体を「白い大きなお皿」に見立てて、シンクもお皿を洗う感覚でキレイにするようにしています。なので、掃除用スポンジは用意せず食器を洗うスポンジで洗います。「シンクを掃除するぞ」という気合は私には全くありません。

スポンジ（サンサンスポンジ）は、水切れがよくいつも清潔に使えるようにスポンジホルダーで浮かせています。

また、シンクを最大限に広く使いたかったので、水切りカゴはシンク内に入れ込むものでなく、シンクの外に置けるものにしています。

水まわりはスッキリ、いつも気持ちよく使えるよう維持しています。

1

こだわりを詰め込んだ水切りカゴ

水切りカゴはたくさん収納できるよう、よく使うお皿が1枚1枚フィットして立てられるものを購入しました。カゴの手前には、小物の水切り、グラススタンド、小物掛けフックを取り付けています。グラスを掛けたときシンクに水滴が落ちるので便利です。カゴ奥のテーブル側には、100均のふきんハンガーを取り付けています。

2

手を洗ったあとに「ながら美容」

洗剤、ハンドソープ、ハンドクリーム（濡れた手で使えるもの）をシンプルな真っ白のボトルに入れています。ボトルの形状で家族全員が中身を把握できるので、ラベリングはしていません。ハンドクリームはお皿を洗ったあとにサッとつけるようにしています。毎日忙しいですが、美容は完璧なケアでなくても、収納を工夫して自分が納得できる範囲で続けていきたいなと思っています。

3

カトラリー収納はマグネットで貼り付け

カトラリーは、ダイニングテーブルに座ったままでも手が届き、洗ったあとも1歩も歩かずに戻せる場所に「出しっぱなし収納」しています。ケースは100均の真っ白のボックス。取り付けをマグネット式にしたのも、とってボックスごと食卓に出すことができると思ったからです。キッチンの内側に貼り付けてあるため、リビング側から見えず、見た目もスッキリしています。

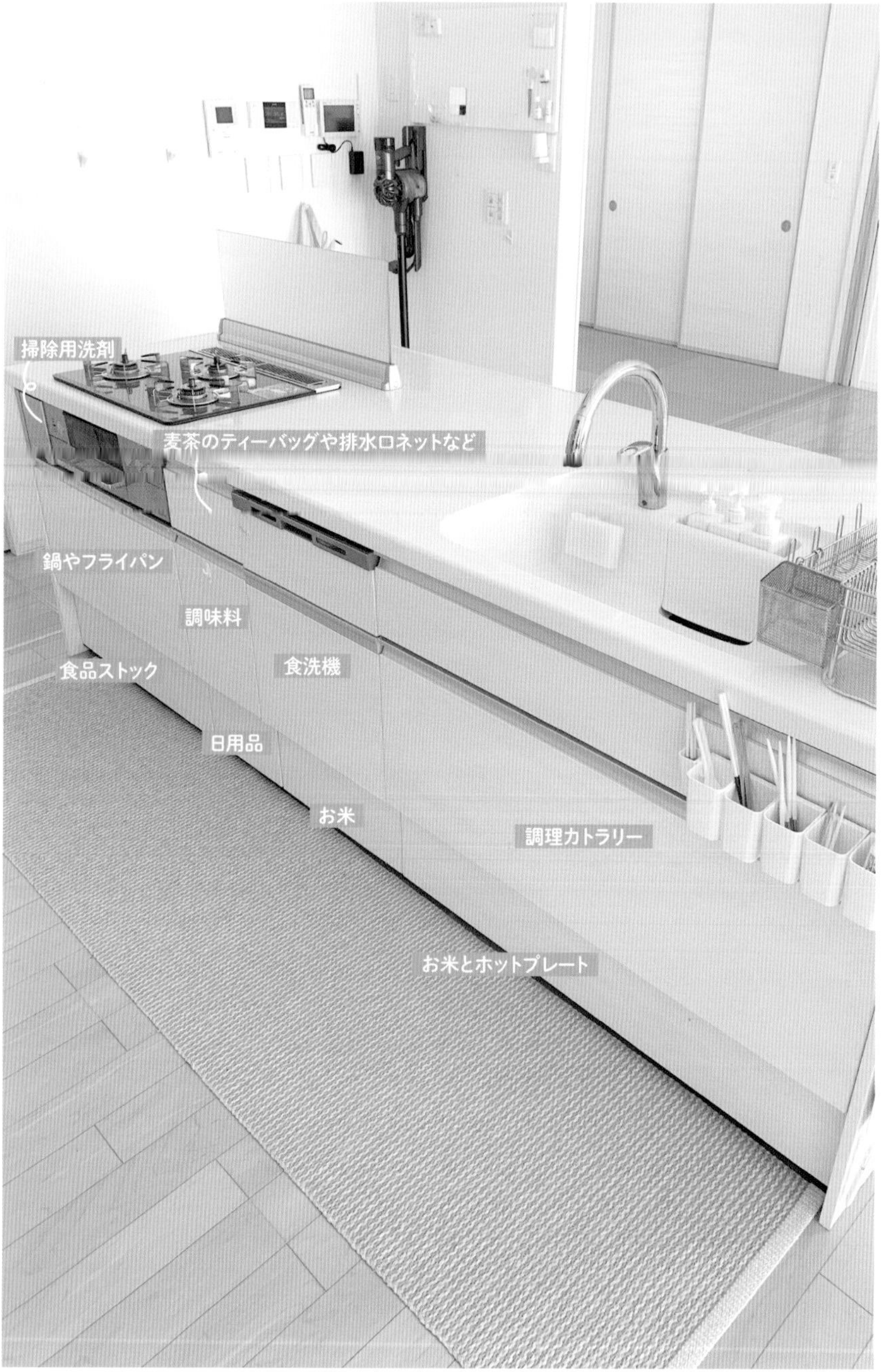
掃除用洗剤
麦茶のティーバッグや排水口ネットなど
鍋やフライパン
調味料
食品ストック
食洗機
日用品
お米
調理カトラリー
お米とホットプレート

調味料は基本的に詰め替えしない

調味料は、料理をするときに使いやすいよう、コンロの近くの引き出しに収納しています。

高さがある収納スペースなので、手前にはニトリのインボックスを上下に2段重ねて、上段には１００均の容器に入れた胡麻、わかめなどの食材を、下段にはスプレー式の消火器と消火剤を収納しています。

ボックスで高さを出すことで調味料を取り出すときの負担をなくしました。

１００均の容器に入れた胡麻やわかめなどは、そのままだとパッケージもサイズもバラバラで使いづらく、自立しないので詰め替えています。

普段よく使う調味料は奥の深いボックスに収納しています。引き出してすぐに何の調味料かわかるように、丸いクリアシールにラベリングしたものをフタに貼っています。

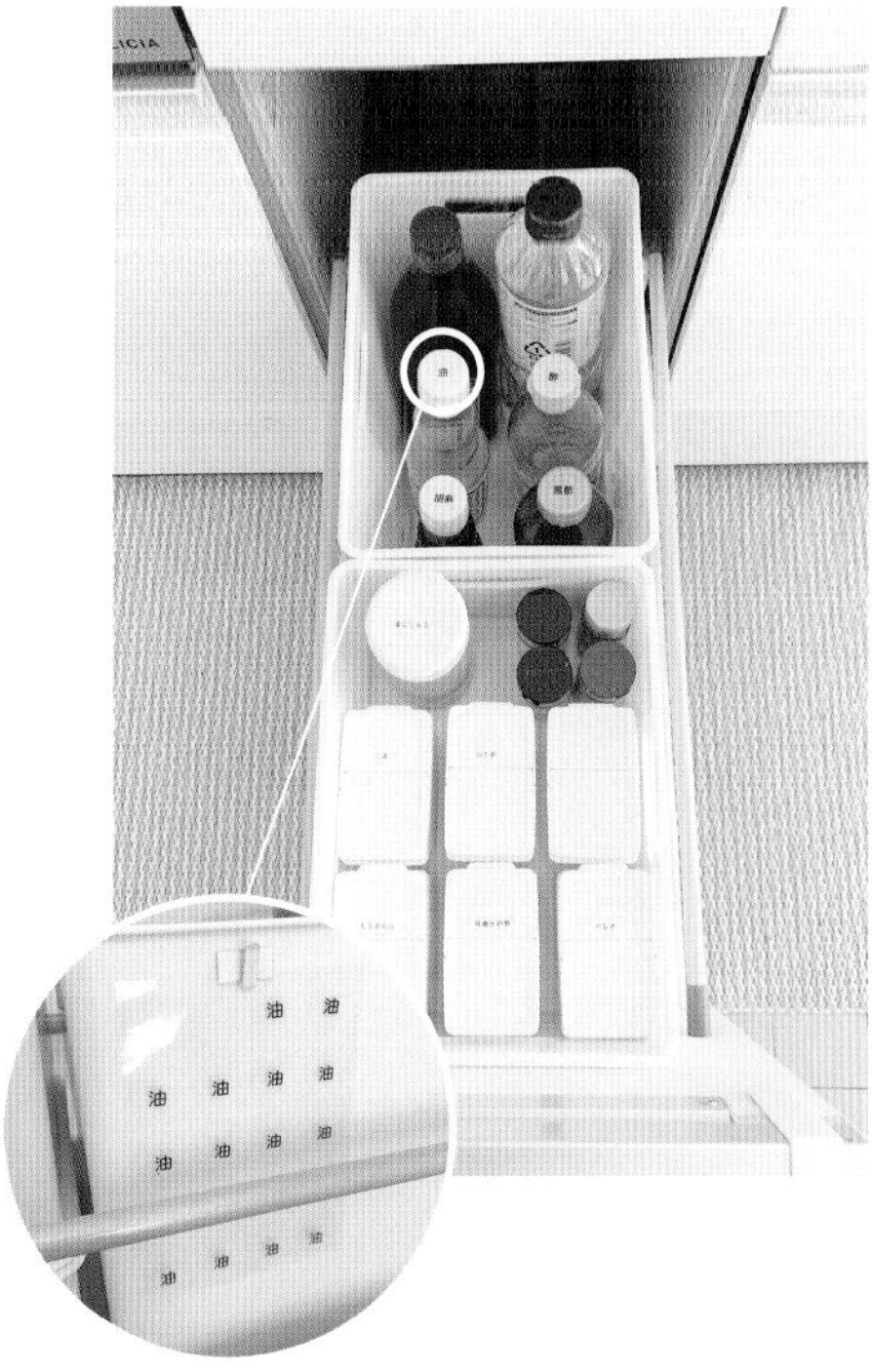

ラベルは何枚かまとめてつくり、収納ボックスのサイドにフックで掛けています。

詰め替えは時間がかかるので、詰め替えをするほうが「使いやすい」「スムーズに料理できる」などのメリットが多いときだけ、詰め替えるようにしています。

キッチン下の収納は出し入れしやすく

キッチン用品は使う場所の近くに収納するのが鉄則。我が家では鍋やフライパンはコンロ下に入れています。鍋は無印良品のアクリル仕切り板と100均のクリア色のブックエンドを組み合わせて収納。

2つのフライパンは上部の棚に置き、フライパンのフタは同じサイズのフライパンの下に置いています。また、揚げ物鍋は使用頻度の少ない大きな両手鍋の中に入れて重ねてしまっています。

我が家にやかんはなく、麦茶も鍋で沸かしています。

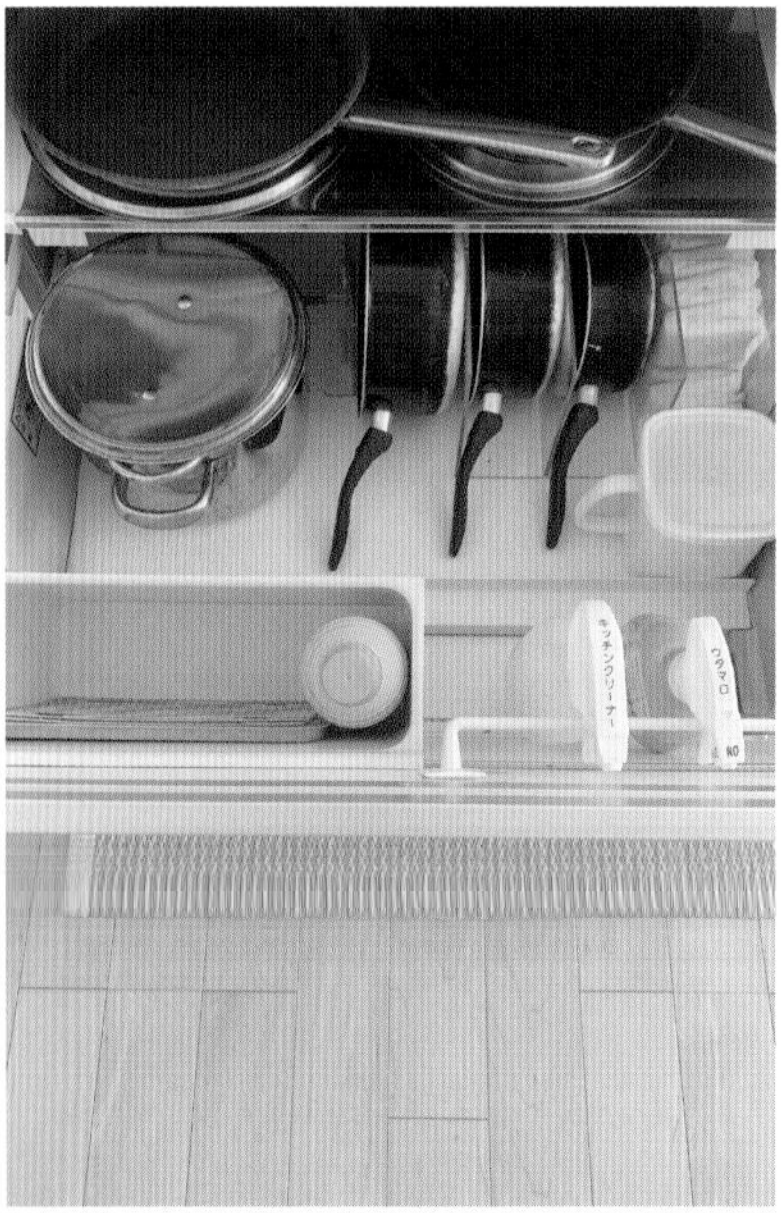

以前、やかんを持っていたときは収納にも苦労し、手入れも面倒だなと思っていたので、今はすごく快適です。

代用できるものが見つかれば「1つ2役」で使えて便利な上、物を減らすこともできます。

また、コンロ掃除で使う掃除スプレーなどは開き扉の内側にタオルハンガーを取り付けて、掛けて収納しています。

扉を引き出したときに何のスプレーかわかるように、上面に読みやすいようにラベリングしています。

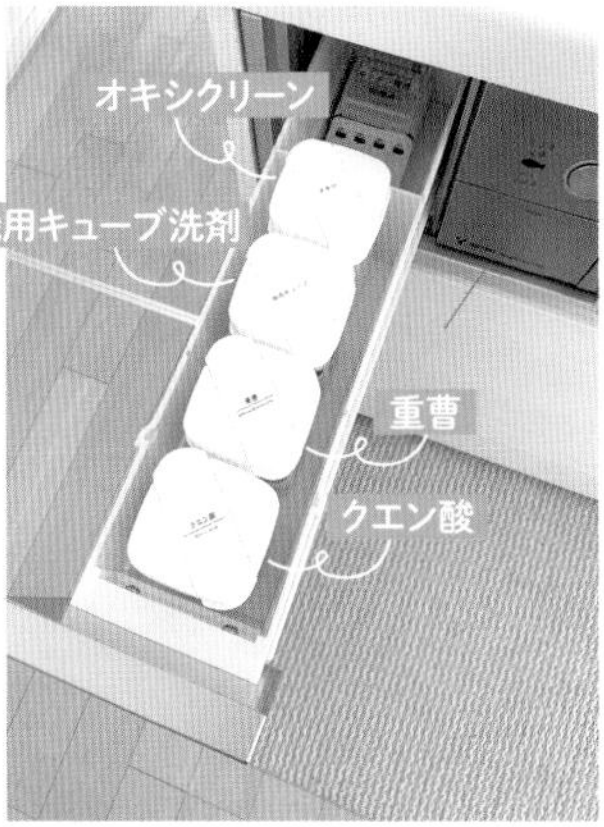

掃除用洗剤はまとめて1カ所に

ここには主にキッチンの掃除で使う洗剤などを収納しています。「掃除で使う洗剤はここ！」と決めておくと迷うことがなくなります。洗剤を入れているボトルは100均で購入したもの。開け口が2つついていて、1つはパラパラ好きな量、もう1つはひと振りで5グラム出るので計量しなくても量がわかります。収納グッズを1つ選ぶのにも、使いやすくて楽できるものを選ぶのがポイントです。

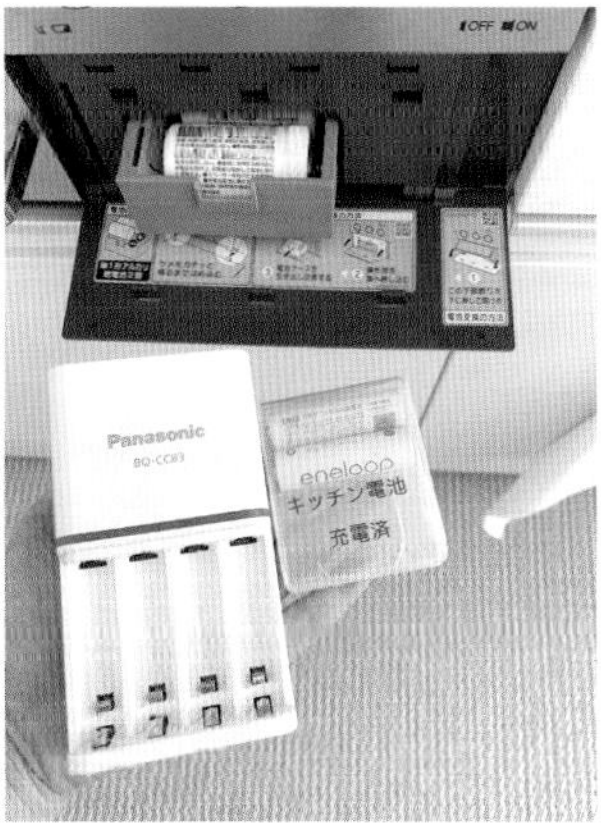

電池と充電器はセット収納

掃除用洗剤の奥にはガスコンロの電池がいきなり切れてしまったとき用に、充電済みの電池と電池充電器を一緒に収納しています。コンロの隣に電池を「セット収納」しておくことで、料理中に突然コンロの電池が切れることがあっても、スムーズに新しい電池と交換し、すぐにまた料理に取り掛かることができます。電池を交換するときは、同時に近くのコンセントで充電もしておき、次に備えておきます。

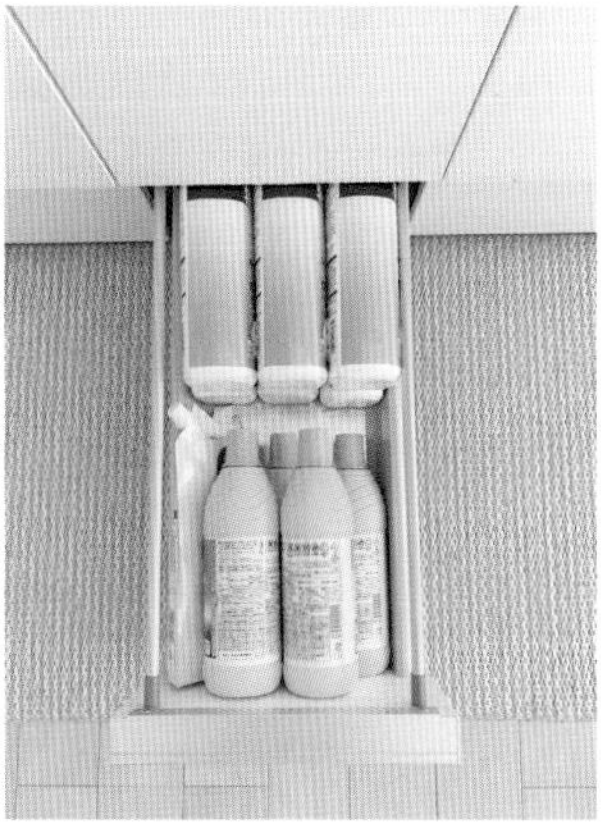

空きスペースに1年分の日用品を

ここはもともと空きスペースでした。しかし、「すべての日用品を1階に収納したい！」という思いから1年分の日用品を、何カ所かに分けて使う場所の近くに収納しています。キッチンで使う日用品はキッチンに収納してあったほうが便利。ちょうど空いていたこの引き出しに入れてみると、断然便利になりました。空きスペースがあると、いざ物が増えたときにすごく便利だなと実感します。

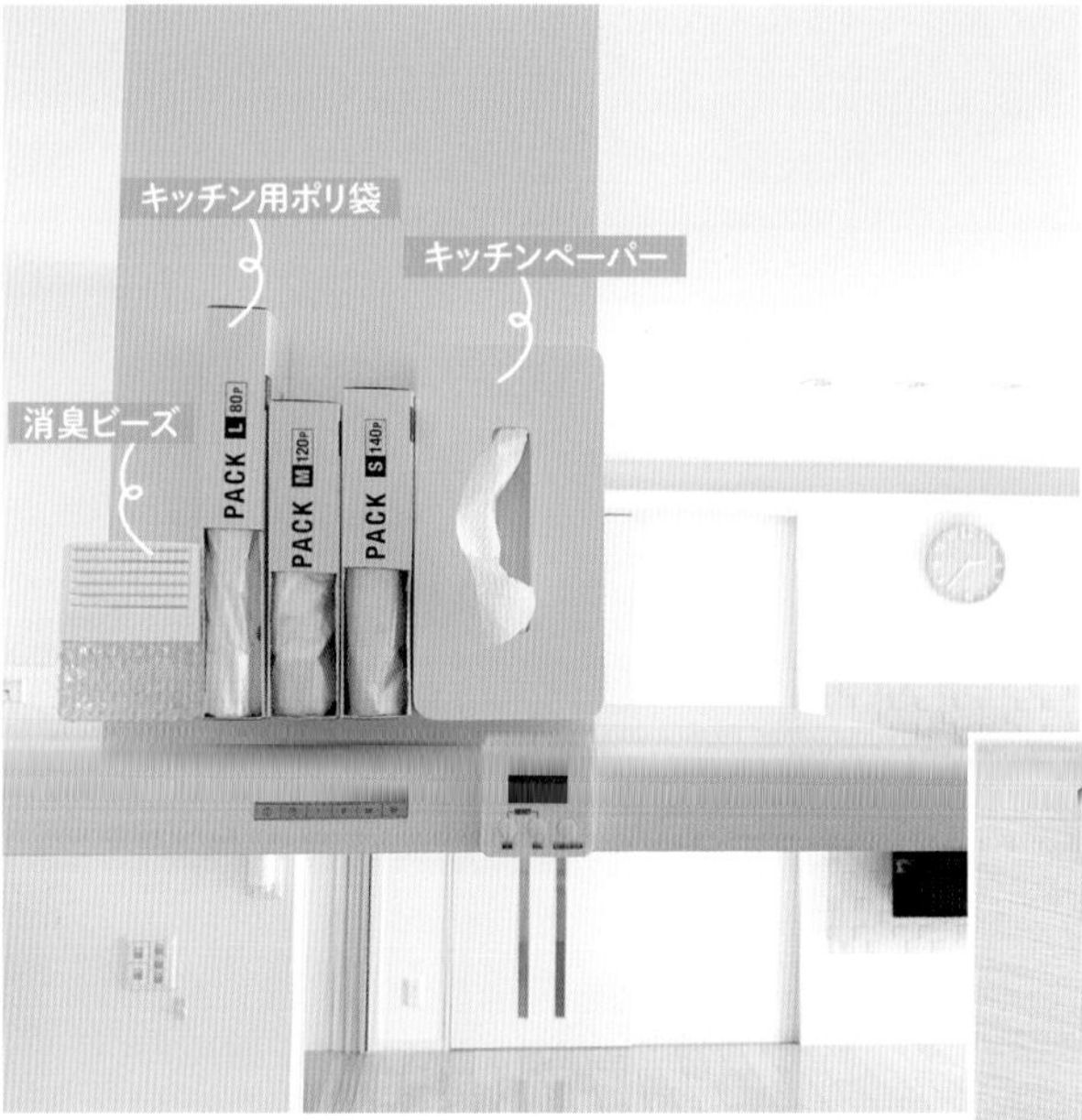

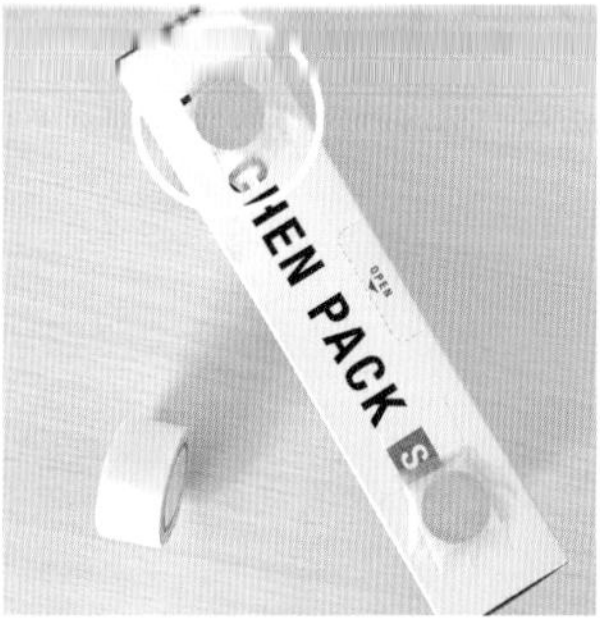

換気扇にも収納をつくる

キッチンペーパーはコンロで立ったまま片手でとりたいので、コンロ上の換気扇にティッシュ式のものをマグネット式のティシュケースに入れて浮かせて貼り付けています。

ロール式のものだと取り出すときに両手が必要になるのと、ケースに収納したとき、四隅に無駄な空間ができてしまうためです。

また、換気扇の同じ場所にキッチン用ポリ袋も3サイズ浮かせて収納しています。これも、ポリ袋のケース裏にマスキングテープで2つの強力マグネットを貼り付けて、換気扇に貼っています。

この場所に必須な消臭ビーズもケース裏に強力マグネットを接着剤で貼り付けて浮かせています。

リビングからは見えない場所なので、スッキリ見えて使い勝手もよく、おすすめです。

コンロ横には使用頻度が高いものを

コンロとシンクの間にある引き出しは、キッチンで作業するときに使いやすいベストポジション。なのでこの引き出しは、空間の無駄をゼロにして最大限に有効活用しています。

この場所でよく使うもの、例えば、食洗機用洗剤や排水口ネットなどの食品ではないものの他、麦茶やルイボスティーのティーバッグ、調味料、出汁をとる際の昆布や煮干しもここに入れています。

食品と非食品が混ざっていますが、ベストポジションの収納場所だからこそ、食品・非食品に関係なく、よく使うものを厳選して収納しています。

これらはすべて、クリアで中身が見える容量の大きい保存容器に。よく使うものは早くなくなるので、大きくて中身の残量がよく見える透明な保存容器がベスト。また、上から見たときに中身がわかるようフタの部分にラベリングもしています。

しゃがんだりせず立ったままの状態で調理しながら無理なく取り出せる場所には、使用頻度の高いものを収納すると、キッチンでの作業がぐんとスムーズになります。

食品ストックは上から見てわかるように

食品ストックの収納場所に選んだのは冷蔵庫と作業台の間にある引き出し。ここに収納することで、冷蔵庫から食材を、食品ストックから材料をとり、そのまま作業台で料理できるからです。

動線を考えて収納場所をつくると料理もスムーズにできます。

また、食品ストックは、引き出したときに上から何が入っているか見渡せるよう工夫しています。見渡せる収納にすることで、食品を探すという手間が減り、また、うっかり同じものを買ってしまうということもありません。

縦と横に
置くことで
見やすく工夫

収納ケースは「えつこの便利収納ラック」のもの。中の仕切りを自由に移動できるので、すごく便利なんです。パズルのように縦と横をうまく組み合わせています。収納ケースを同一方向にならないように置くことで、収納空間にメリハリができ、中身が見やすくなります。

すべて同じサイズの収納ケースでピシッと入れ込む収納は確かにすごくキレイだけれど、工夫をすれば、さらに見やすくて取り出しやすい収納をつくることができます。

仕切りを
好きな位置に
調整できる
ケース

調理カトラリーは1つずつ掛ける

調理カトラリーは、キッチン下の収納の内側に、接着跡が残らないフックをつけ、掛けて収納しています（まな板はフック２つで掛けています）。

以前はまとめて収納していたのですが、取り出すときに他のカトラリーと絡まって取り出しにくいことがストレスでした。今はキッチンに立ったまま、少し開けただけで取り出せるのでとても便利です。

ボウルやおろし器、計量カップなど、ここに立ったときに必要なものはすべてここに収納しています。

また、ここの引き出しの下とその隣の引き出しに、ケースに入れた5キロのお米を２つ収納しています。隣にはホットプレートも。重いものは下段に置くと万が一の地震のときも安全です。

シンクの近くにお米を収納してあることで、お米をとって腰を上げたら、すぐに研ぐことができます。無駄な行動がゼロで時短になります。

炊飯器もシンクの向かいの食器棚の横で使うので、「お米をとる→お米を炊く」までの一連の動作が１歩で完結します。

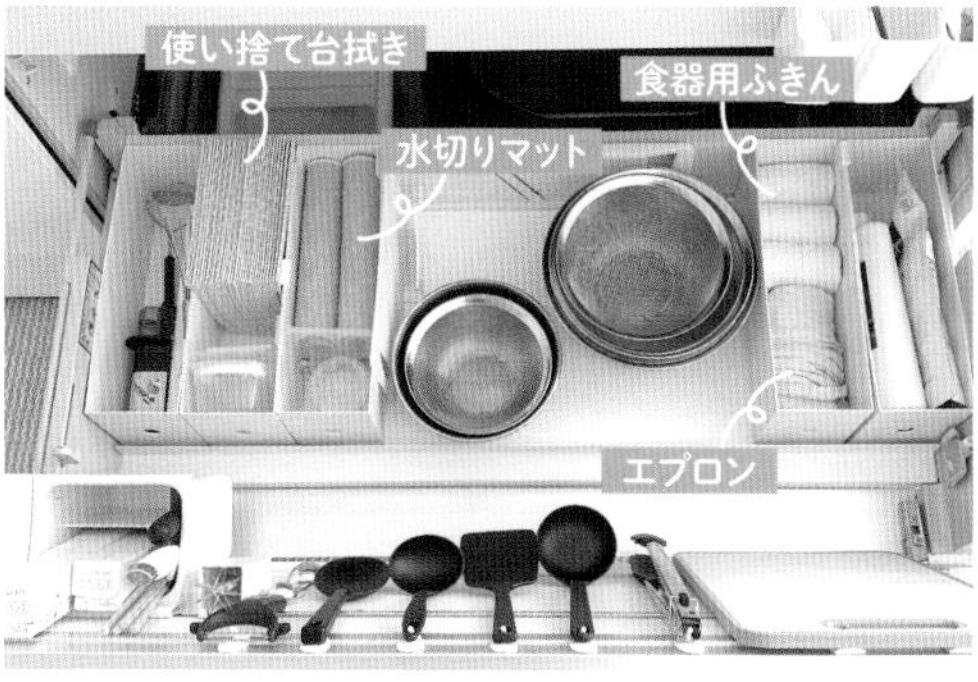

Column 2

自分をご機嫌にする収納

私がなぜ「楽をする収納」にこだわり続けるのか、そこには理由があります。

年少児の長男と2歳児の次男を保育園に預けながら働いていた頃のことです。家事と育児と仕事で、毎日が忙しくて、日々の生活に追われていました。

そんなとき、ひどく疲れていたのか、つい子どもに強く当たってしまったんです。

「これではダメだ！　生活に追われるのではなく、もっと自分らしく生活したい！」

子どもに当たってしまったことを深く反省し、自分がどうしたいかを考えました。

私は早速、大変だと感じていることをすべて洗い出し、1つずつ改善していくことに。毎日の家事を最小限にしたり、時には家事をしないという選択をしたり。また、片づけは子どもたちでも簡単にできる仕組みを収納で実現。さらに自分がご機嫌になる収納を、家中にどんどんつくっていきました。

こうして、「快適」を感じながら楽ができる家事の仕組みを「収納」を通して手に入れました。私は今、日々を笑顔で過ごしています。

収納が整っていれば毎日を楽に、快適に過ごすことができます。収納は自分の時間が増えるとともに、忙しいママがご機嫌になれる方法の1つでもあるのです。

BANKERS BOX 743
BANKERS BOX 743
BANKERS BOX 703
BANKERS BOX 703
えつこの便利収納ラック
えつこの便利収納ラック
無印良品
無印良品
えつこの便利収納ラック
無印良品
100均

よく使う食器は手前と奥に分けて収納しない

食器棚は、使いやすさはもちろん、自分の気分を上げるためにも見た目のキレイさにもこだわっています。よく使う食器は手前と奥に分けて収納しないのがポイント。奥にあるものは取り出すのが面倒で使わなくなってしまうからです。

また、よく使う食器は私の胸の高さから頭の高さに合わせて収納するようにしています。無印良品のアクリルの仕切棚を使って、空間に圧迫感を出さずに収納力を2倍に。透明なので、見た目もシンプルです。

お皿はファイルボックスに収納

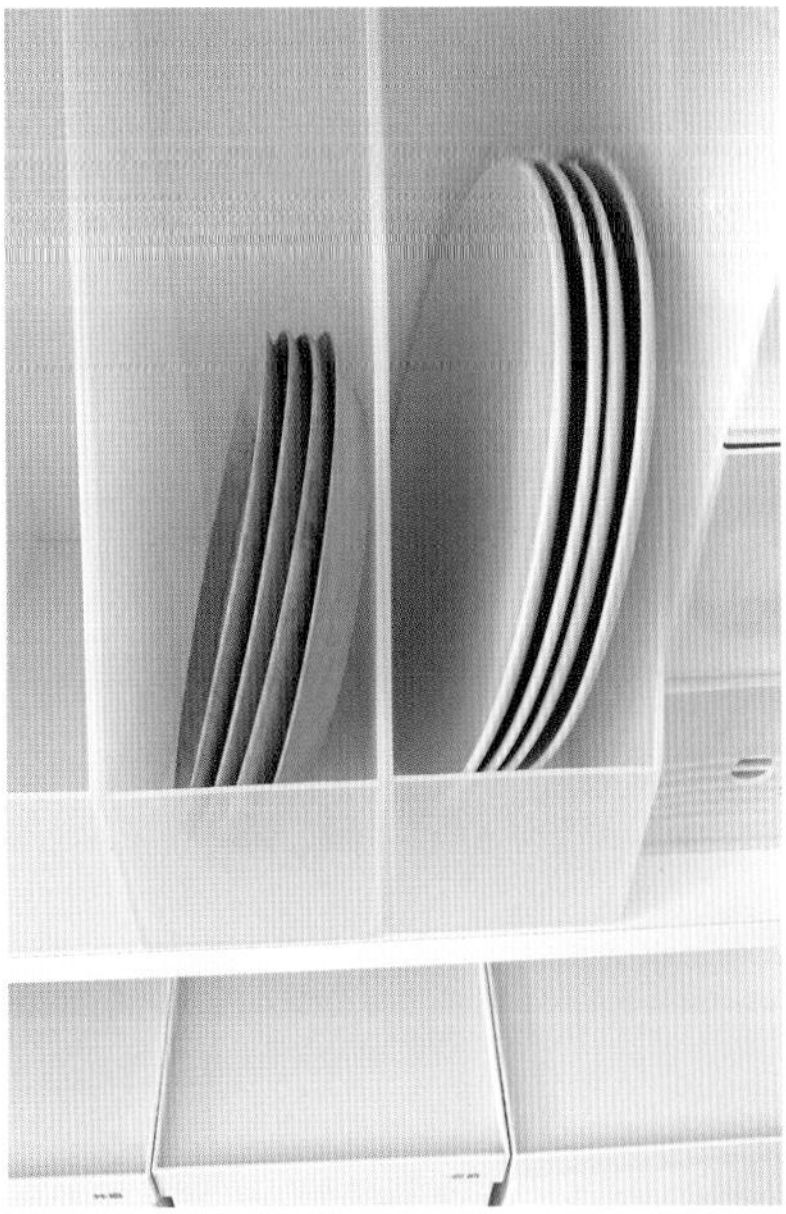

大きめのサイズのお皿はファイルボックスに入れて立てて収納しています。同じ種類のお皿ごとに1つのボックスに収納しているので戻すときも簡単です。

また、地震対策として棚には滑り止めシートを敷き、重い丼などはいちばん下に収納しています。

上段のカップを掛けているラックは、奥から手前にかけて少しずつ高さが上がっているもののため取り出しやすく、ラックの上部分が上の棚にギリギリ当たる少しきつめのものを選ぶことで地震にも備えています。

食器は普段使いと来客用に分けない

来客用食器はなるべく持たないようにしています。来客時には普段気に入って使っているグラスやカップを、大人数のときにはちょっと気分が上がるようなデザインの使い捨てコップや紙皿を使っています。

人数が多いとお客さんが帰ったあとの食器の後片づけも大変。それで疲れてしまうのがイヤなんです。「使い捨て皿でごめんね」。そうひと言伝えて、楽しむことを優先しています。

また、食器選びにはこだわりがあって、高さがないものを選ぶようにしています。

高さがあると収納したときに空間を圧迫し見た目がスッキリしません。何より取り出しにくい。なので、食器を重ねたときに重なり具合がよく厚みが出すぎないもの、シンプルでスマートなものを選ぶようにしています。

カップアンドソーサーもソーサー部分は普段はお皿として、カップはマグカップとして使い、来客時にはカップアンドソーサーとして使っています。

普段使いと来客用を分けない食器の2ウェイ使いはとてもおすすめです。

レンジ横に「オープナー」

電子レンジのすぐ横にＩＫＥＡの「キャップオープナー」を２枚掛けて収納しています。容器のフタを開けるオープナーとしても使っていますが、メインはレンジで温めて熱くなったお皿をつかむときに使っています。レンジからすぐに取り出せるよう、ここを収納場所にしました。手のひらサイズでどんなお皿にも形がフィットするので、とても便利です。

トースターの隣にトング、下にはアルミホイル

パンが焼き上がったとき、パンが熱くて持つのがつらい……。そんなプチストレスを解消したいと考えて思いついたのが、トースターの横にトングを置くこと。衛生面を考えて、トングの先が壁につかないように掛けています。また、アルミホイルもトースターでよく使うので、トースターの真下に浮かせて収納しています。

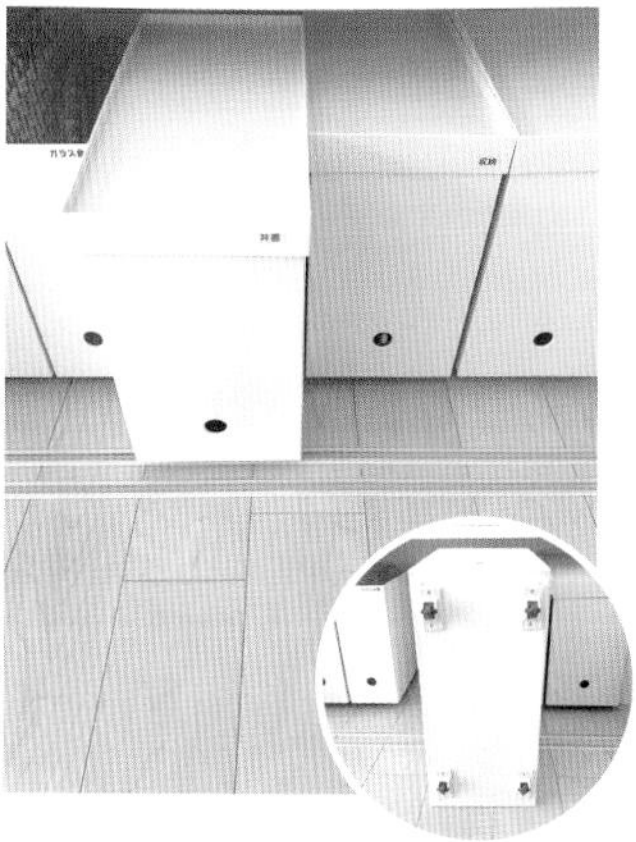

収納ボックスにキャスターを取り付け

床に直で収納ボックスを置くと取り出しにくく、掃除も大変。そこで、100均で購入したキャスターを収納ボックスの裏に４つつけています。これがとても優秀。ボックスが前後にスムーズに動くので中身がとり出しやすく、何より掃除がしやすいのでとても便利です。100均はいい商品が多いので、収納グッズを探すのにおすすめです。

1歩も歩かずに飲みものを入れられるように

電気ケトルの隣に、無印良品の3段ボックスを2つ並べて、ティーバッグなどを収納しています。

向かいにシンクがあるので、すぐにケトルに水を入れることができます。耐熱コップもケトルの上の棚に収納しているので、お茶を入れる一連の動作を、1歩も歩かずに完結できるんです。

「お茶しよう！」と思っても、ティーバッグが収納してある場所とコップ、ケトルのある場所がバラバラだと、私は「面倒くさい」と思ってしまいます。せっかく、リラックス時間を満喫しようと思っていても、入れる前から気持ちがちょっと疲れてしまうのはもったいないと思い、このような収納にしました。

何か行動をするときに面倒だと思うことがあるなら、すぐに改善するのがおすすめです。小さな違和感をキャッチしてどんどん改善していくことが、快適な生活につながっていきます。

ちなみに、無印良品の3段ボックスは深さもあって仕切りも追加で購入できるので、よく飲む市販薬や漢方薬、小皿、箸置きなど、細かいものの収納にもピッタリです。

BANKERS BOX.
703
BANKERS BOX.
703

よく使う収納ボックスは定番品がおすすめ

食器棚の隣のパントリースペースには、ニトリのインボックスをキレイに並べて、その中にキッチンで使うものを収納しています。

このボックスは、キッチンとリビングでたくさん使用している我が家の定番の収納グッズです。

ボックスの深さと横幅のサイズはそれぞれ2種類あり、パントリースペースでも計4種類のボックスを使っています。

収納棚の幅に合わせてサイズを組み合わせて使えるので汎用性が高いのも、このボックスのお気に入りポイントです。

ニトリの定番品なので、もしボックスが1つ壊れてしまったときにも気軽に1つ追加購入できます。

100均などは、商品がよく廃番になったりするので、その場合は別のもので代用するしかありません。そうすると、見た目のキレイさが損なわれますし、すべてのボックスを全部買い替えるとなると、その分費用もかかります。

そのため、収納の場所ごとにメーカーの定番品を使うのがおすすめです。

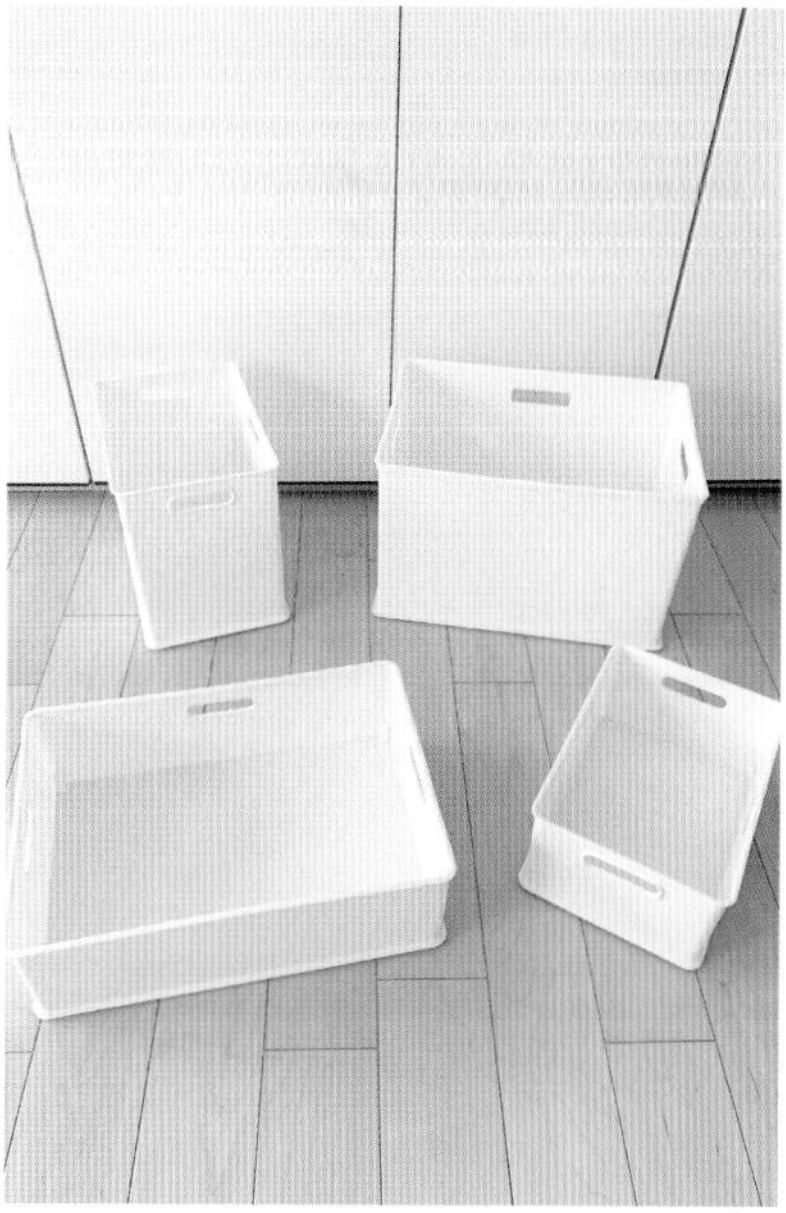

お菓子は 2つのボックスに

お菓子が大好きな我が家は、お菓子を２つのインボックスに収納しています。深いボックスは上から見渡せるよう立てて収納し、浅いボックスには小さいお菓子をざっくり入れています。

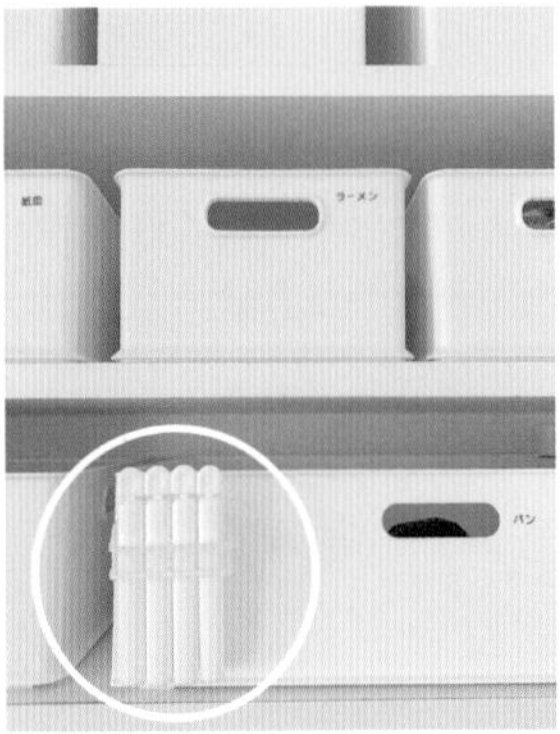

パンボックスの外面に 袋どめクリップを

朝ご飯のパンはすべてボックスに収納し、ボックスの外面に100均の袋どめクリップを収納しています。食べかけのものをサッとその場で閉めることができるので、とても便利です。

キッチンカトラリーは 1軍と2軍に分ける

たこ焼きを焼くときのピックや栓抜きなど使用頻度が低い２軍カトラリー類はボックスにまとめて入れて、毎日使うカトラリーとは別の場所（パントリー棚の上のほうの段）に収納しています。

水筒収納にもひと工夫

水筒の収納ボックスには100均で買った小さなケースをつけて、そこに水筒の紐を収納しています。紐も定位置を決めてしまうだけで、使うときもしまうときもスムーズです。

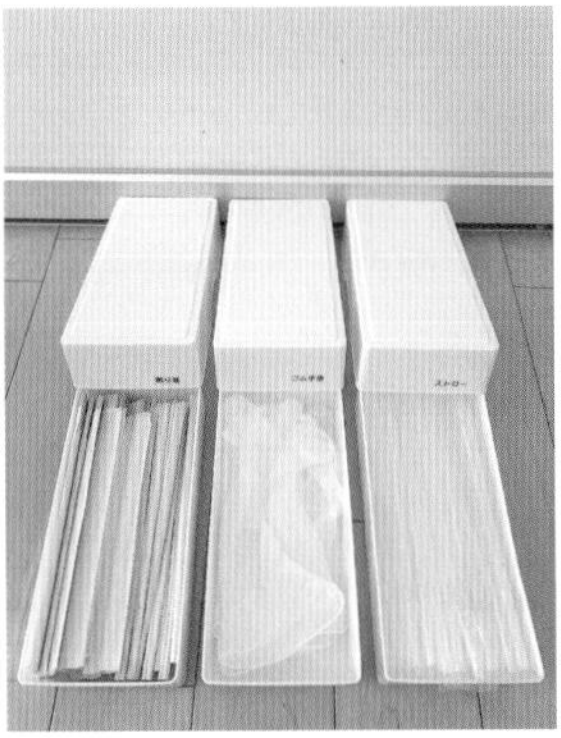

キッチンで使う小物類は まとめて収納

この100均のボックスは縦に収納するとニトリのインボックスにキレイに６個はまるので、ゴム手袋、スポンジ、輪ゴム、ストロー、割り箸などのバラバラする小物をまとめて入れています。

処方箋は スライドジッパー付ポーチに

100均で見つけたスライドジッパー付ポーチは前ポケットがあり、そこに薬の説明書を入れられるのでとても使いやすいです。花粉症、アレルギーなどで分けて収納しています。

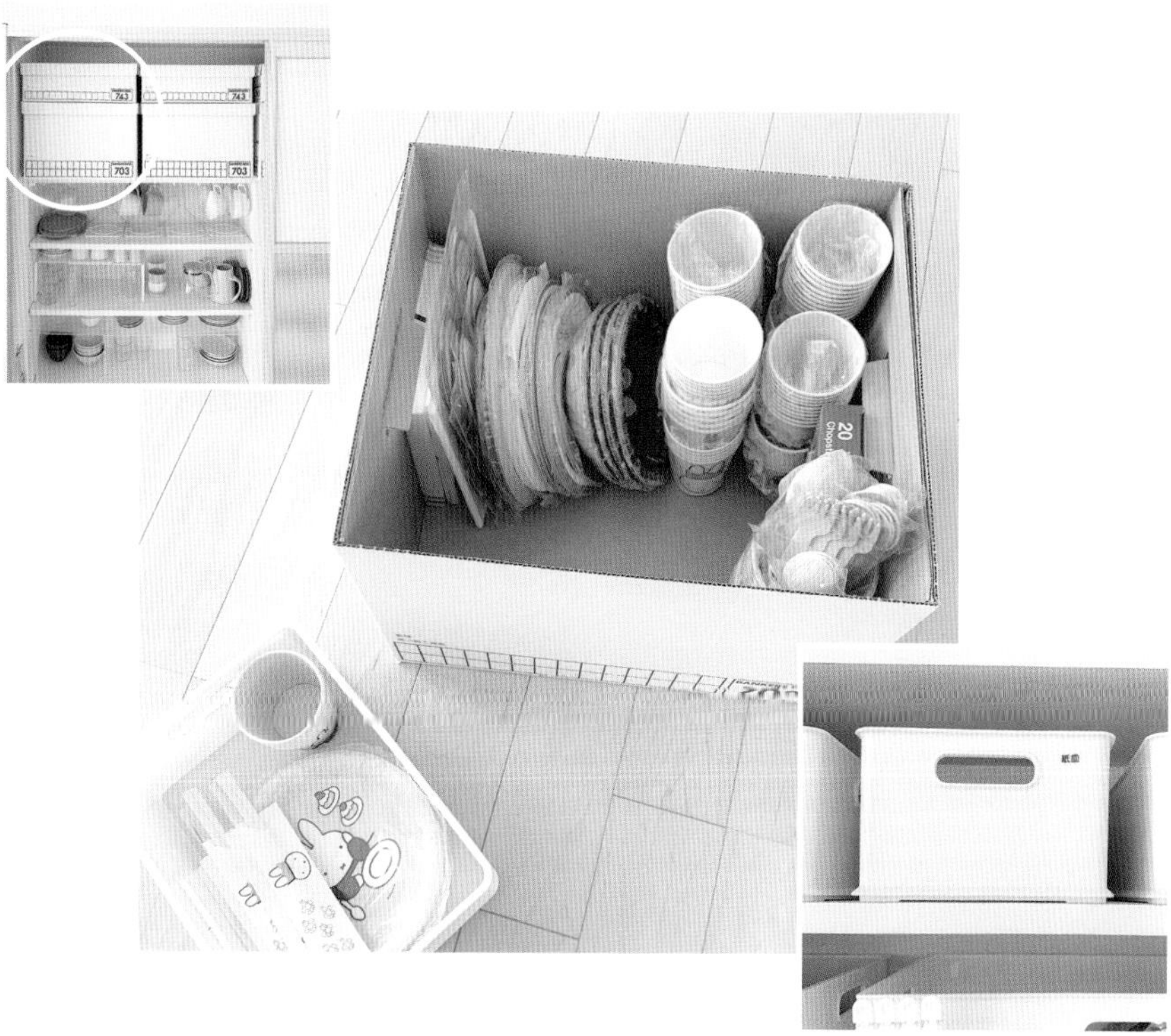

使用頻度によって収納場所を分ける

地震のことを考えて、軽量なものや年に数回だけ使用するものは食器棚の上のほうに保管しています。

例えば、お弁当箱、保冷バッグ、紙皿類、処分保留中のものなどをカテゴリーごとに1ジャンル1ボックスに収納しています。

「お弁当グッズはすべてここ」と1つのボックスにまとめておくことで、年に数回の運動会や遠足などの行事のとき、このボックスを見るだけで「あれがない、これがない」が防げます。

また、使い捨ての紙皿類は2カ所に分けて収納しています。ストックは上のほうに、庭でBBQなどをするときに使う分はステップ台がなくても取り出せるようインボックスに、それぞれ収納しています。

使用頻度によって収納場所を何カ所かに分けると、生活が楽になります。

生ゴミはチルド室へ

我が家はキッチンにもゴミ箱を置いていません。リビングと同じように、100枚入りのビニール袋をまとめてキッチンの内側に掛けています。

基本1日1枚、ビニール袋を使うイメージで、夕飯後、片づけが終わったタイミングで、外の大きなポリバケツの中に捨てに行っています。1枚使っても後ろに新しいビニール袋がストックしてある状態なので、取り替える手間もかからず楽チンです。

また、我が家では独立しているチルド室を生ゴミ専用の場所にしています。キッチンで生ゴミが出たら、ビニール袋に入れてポイッとチルド室に入れておくだけ。冷凍されるのでイヤな匂いもしないし、小バエ対策にもなっています。

夜に一度ゴミ袋を捨てるタイミングで他のゴミと一緒に捨てに行きます。ゴミ袋が掛けてある場所のすぐ後ろにチルド室があるので動線もバッチリ。

チルド室にある生ゴミを捨てるのを忘れてしまうときもありますが、冷凍されているので数日忘れたとしても問題はありません。

日用品のストックは隙間収納を活用

冷蔵庫と壁の間の隙間に、引き出せる幅15cmの収納棚を設置し、日用品のストック、ウエス（掃除用の雑巾）、掃除グッズを入れています。

我が家では12枚のタオルを約1年で全部交換しているのですが、その際に古いタオルを切って、半分ずつ大・小のウエスにして、立ったままとれる高さの場所に収納しています。

何かこぼしてしまうなど、とっさにウエスが必要になったとき、すぐとれる高さにしておいたほうがいいと思い、突っ張り棒とブックエンドを使って、1枚ずつ取り出しても残りのウエスがグチャグチャにならないようにしています。

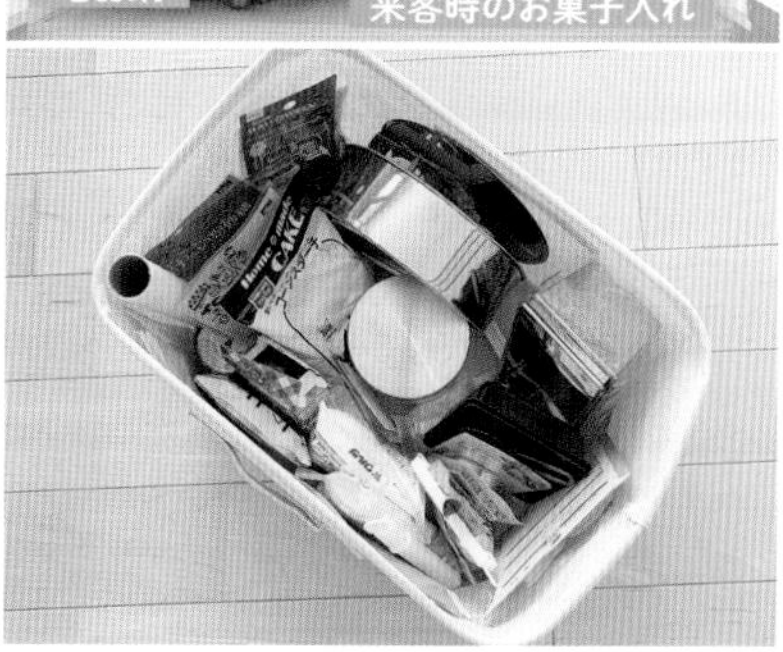

また、冷蔵庫の上の棚には、お菓子づくりグッズや使用頻度の低いキッチン用備品などを収納しています。ここの扉はロックがかかるので、地震で倒れてくることがなく、少々重いものを入れても問題ありません。

私は、お菓子づくりに関しては、急に気が向いて「やろう！」となるタイプ。決して頻度は高くないけれど、やりたいときにすぐに取り掛かりたいので、1つのボックスにざっくりと収納するようにしています。

Column 3

収納とシンプル思考

収納は、ただ空間をキレイにするだけではなく、思考もキレイにスッキリさせてくれます。

　それはきっと、収納をすることで家中の物1つひとつと向き合い、「必要（いる）」「必要ではない（いらない）」を明確にするからだと思います。そうした日常の行動が自然と考え方にも反映され、「シンプル思考」が定着するのだと思います。

　例えば、私は「イヤなことや困りごと、モヤモヤすること」があったら、まずそれを解消するための方法や仕組みを考えるようにしているのですが、これは収納づくりを考えるときと似ています。

　また、そのイヤなことや困りごと、モヤモヤすることが自分ではどうにもならず、考えても答えが出ないことであれば、考えることはやめて、すぐに忘れるようにしています。これも、日頃収納をしながら「時間を有効に使いたい」と考えているからだと思います。

　このように、収納を通して物と向き合っていくことが、結果、自分と向き合うことにも大きくつながっていくのです。

　シンプル思考が身についたことは、私にとって大きな財産です。もし悩みがあったら、ぜひみなさんにも「収納」を楽しんでみてほしいと思います。シンプル思考を身につけると、毎日が生きやすくなりますよ。

Chapter 3

洗面所&浴室

～とことん使いやすく工夫する～

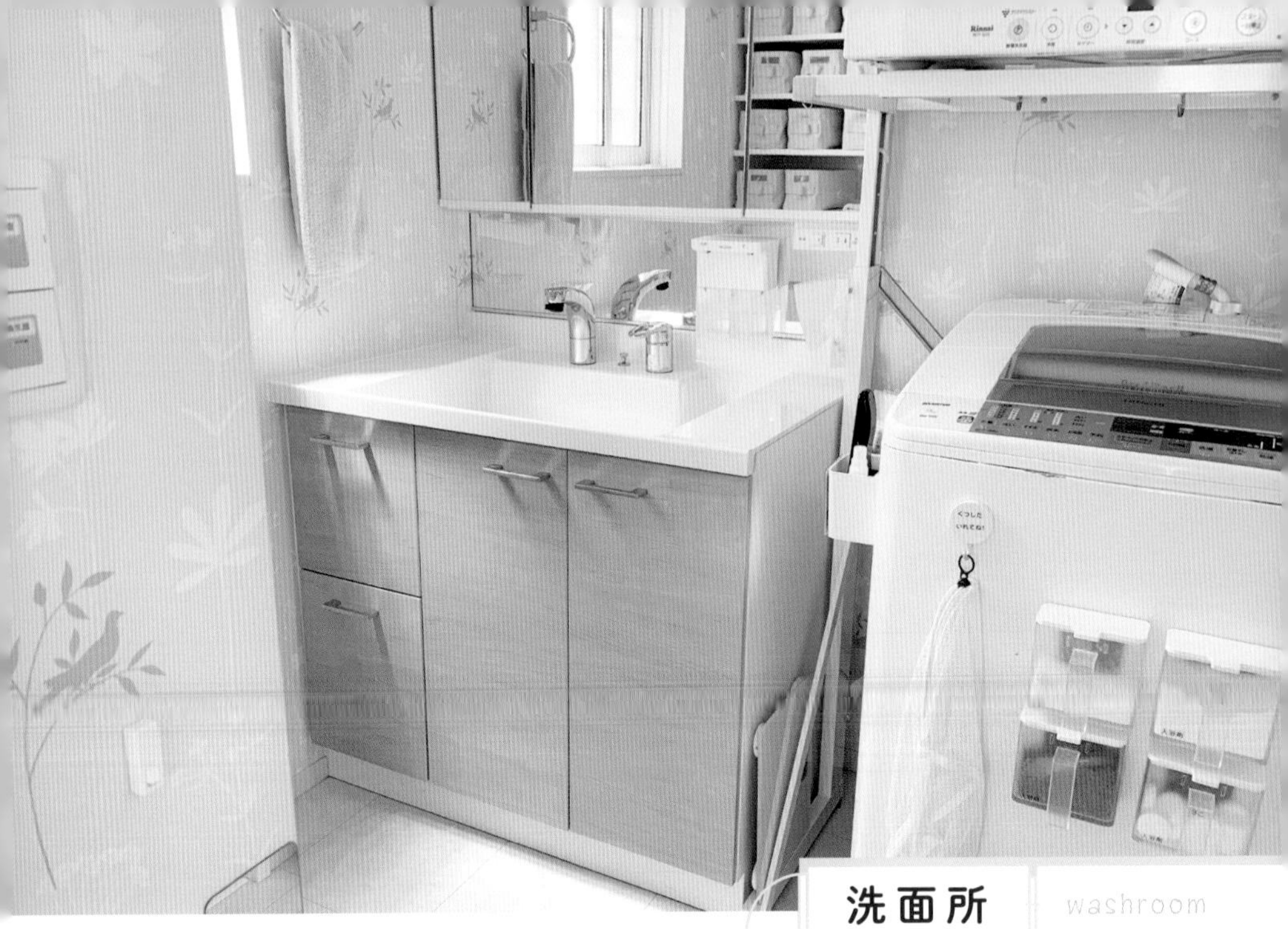

洗面所　washroom

洗面台には何も置かない

我が家の洗面所はとても狭く、家づくりの中で「失敗しちゃったな」と思っていた場所でした。

でも「洗濯」「歯磨き」「お風呂」と、毎日何度も訪れる場所なので、行くたびになんとなくテンションが下がるのがイヤで、「徹底的に使いやすくして大好きな場所にする！」と意気込んで整えました。

試行錯誤を何度も繰り返しながら整え、愛着が湧くようになった場所です。

例えば、洗面台は毎朝の掃除をスムーズに行うために何も置かずにすべて浮かせています。ハンドソープや洗顔も浮かせて、手をかざせば自動で出てくる充電式のディスペンサーを設置。充電がなくなったときもその場で充電ができるように、充電器も洗面台下の収納の中に入れています（90ページ参照）。

また、下着やタオルを入れる棚、洗濯機周りも整えていき、家族全員が使いやすい場所になりました。

狭くても収納でいくらでも使いやすい場所、大好きな空間に変えることができるのです。

歯ブラシもコンタクトケースも浮かせる

洗面台の鏡の裏の収納には、日々この場所で使うものだけを収納しています。使用頻度としては、毎日もしくは1週間以内に使うものだけ。そう絞っていくと自ずと収納するものが少なくなります。「まず中の物を全部出して」から使用頻度別に分けて整理していくと、使いやすい収納になります。

ここでいちばん気に入っているのは、100均の歯ブラシスタンドを使った収納。本来は置いて使う商品ですが、軽いので「魔法のテープ」（超強力両面テープ）を使って浮かせています。底には通気穴が空いているのと、すぐ下に珪藻土プレートを置くことで清潔に使えています。

また、歯磨き粉はキャップを下に向けて浮かせることで、フタを開けるとすぐに出てくるようにしています。髭剃りも100均で購入したグッズと魔法のテープを組み合わせて浮かせる収納に。

コンタクトケースは、コンタクト洗浄液の近くに100均のフックを2つ貼り付けてそこに浮かせて収納しています。コンタクト入れも、右と左に分けて収納し、使いやすいように工夫しています。

収納扉を外して1アクション短縮

洗面台の向かいにある収納棚は、もともとあった扉を外して、オープン棚にしました。扉の開け閉めがなくなったことで、1アクション減らせたのでとても楽に。ここには下着やタオルなどを入れているのですが、洗濯物をしまうのが好きではない私にとって、扉の開け閉めがなくなっただけでも快適です。

奥行きのある棚には無印良品のソフトボックスを採用。毎日出し入れする下着は、1ジャンルに1ボックスに収納することで出し入れがスムーズになります。

人別にラベルのカラーを分ける

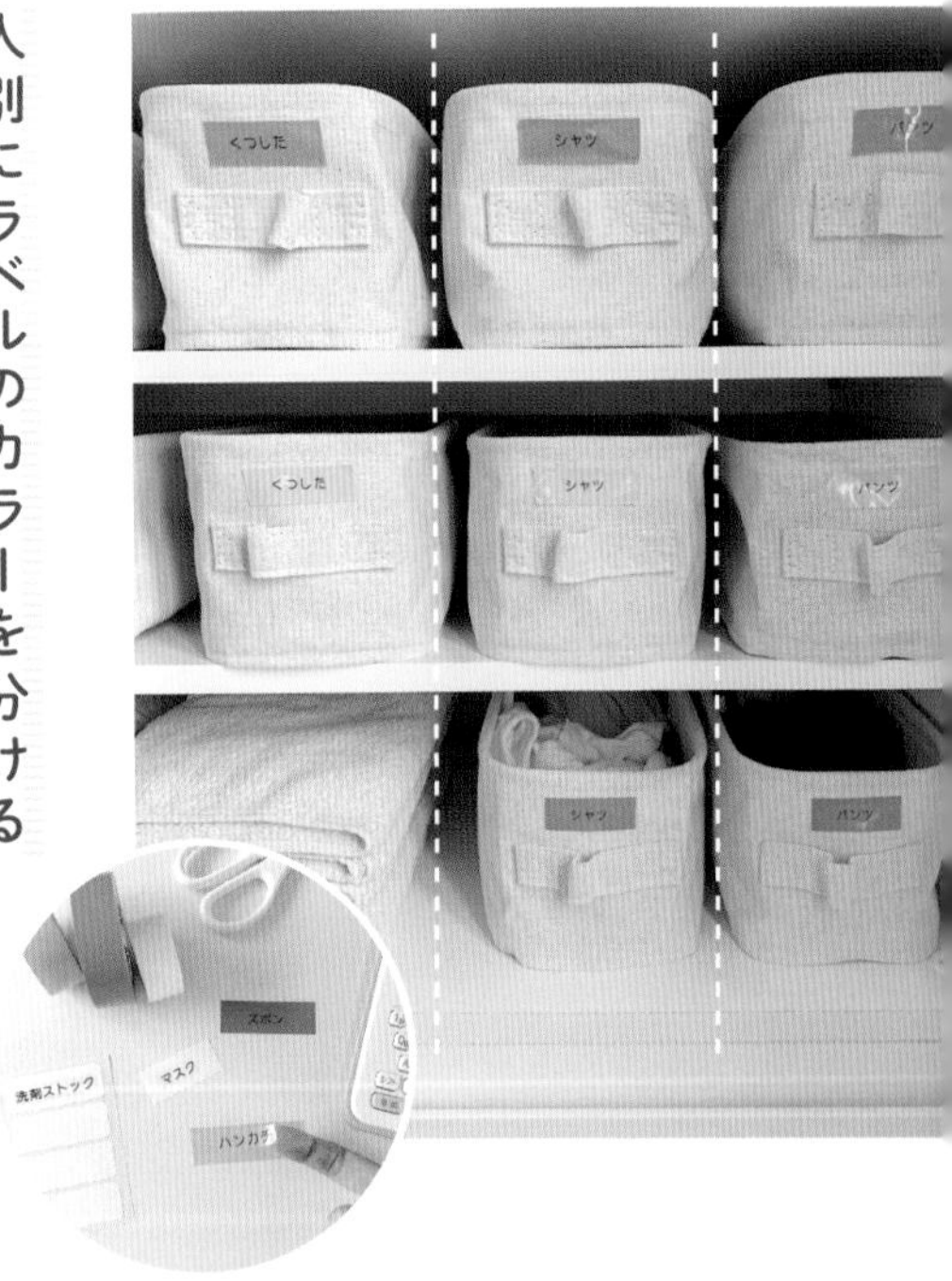

「洗濯物をしまう」家事を時短ですませたいのと、迷わず必要なボックスを引き出したいので、ボックスに色分けしたラベルシールを貼って、ひと目で誰のボックスか把握できるようにしています。

ラベルはビニールテープの上にラベルシールを貼るだけ。子どもたちはブルー、夫はグレー、私はピンク、共有で使うものはホワイトです。

また、縦列を「パンツ」「シャツ」など種類で合わせることで、洗濯物をしまうときも迷うことがありません。

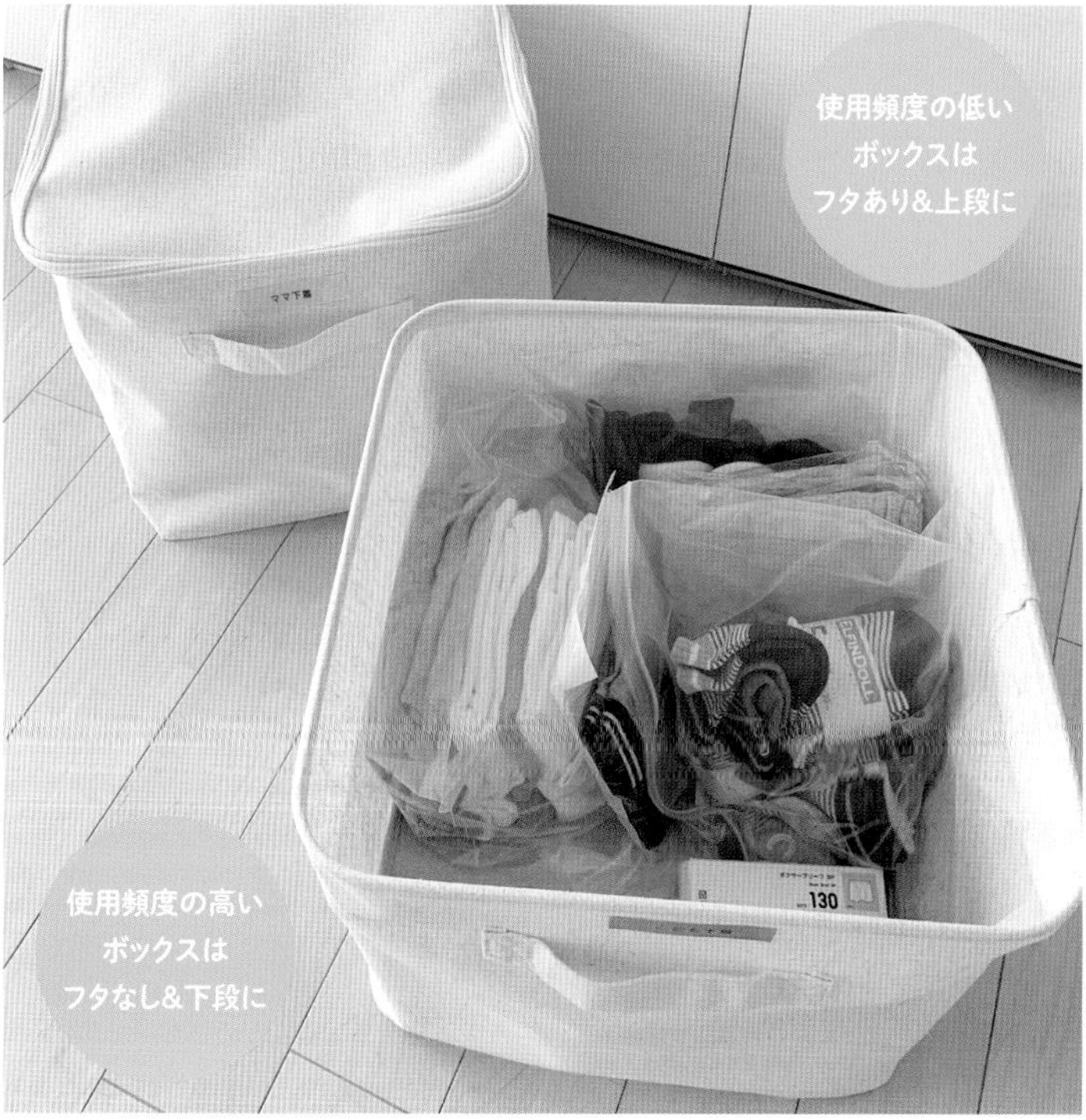
使用頻度の低い
ボックスは
フタあり&上段に
ママ下着
使用頻度の高い
ボックスは
フタなし&下段に
130

季節外の下着やストックも人別に

いちばん上の収納棚にある無印良品の収納ボックスは収納力が高く、さらに持ち手を持って引き出せるので無理なく中身を出し入れできます。少し高い場所でも持ち手があれば取り出しやすいのでとても便利です。

「パパ」「ママ」「こども」と「部屋着・とりあえず使わない」の4つに分けていて、人別ボックスの中には、季節外やストックの下着を収納しています。

1カ所にまとめて収納することで、ボックスの中を見るだけで在庫管理も完結します。

この中でも使用頻度の高い「こども」「部屋着・とりあえず使わない」の2つは、すぐに取り出しできるよう、下段に収納。あえてフタなしのボックスを選んでいます。

細かいことだけれど、小さな不便を1つずつ解消していくことが、「快適」をつくります。

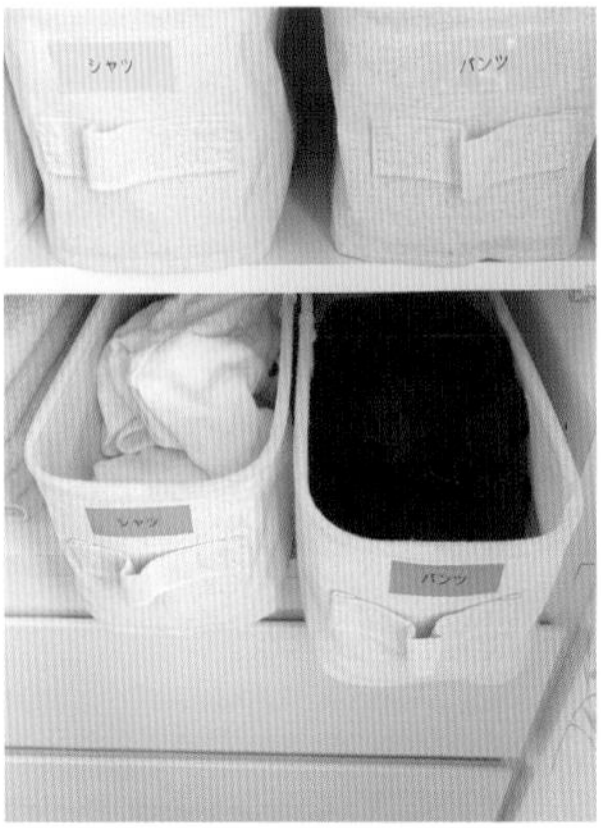

洗濯物はたたまない

洗濯物をしまう手間を減らしたくて、夫の靴下はすべて同じ種類、同じカラーにしています。セットにすることなくたたまずにポイポイ入れるだけの投げ込み式収納。パンツや下着も投げ込み式です。これらは干すのに時間と手間がかかるので、乾燥機で乾かしています。天候を気にする必要がないので気持ちも楽。乾燥機から出したらそのまま向かいの収納ボックスに入れるだけです。

バスタオルは使わない

我が家のタオルはすべてフェイスタオルサイズ。12枚でやりくりしています。お風呂から出たらすぐに使いたいので、子どもがとりやすいいちばん下の段の浴室側に。エリアや人別にタオルのカラーを変えるのは手間なのでしていません。シンプルに全部同じカラー、同じ形のものを使っています。約1年で一気にタオルを交換して、古いタオルは切ってウエスにしています（81ページ参照）。

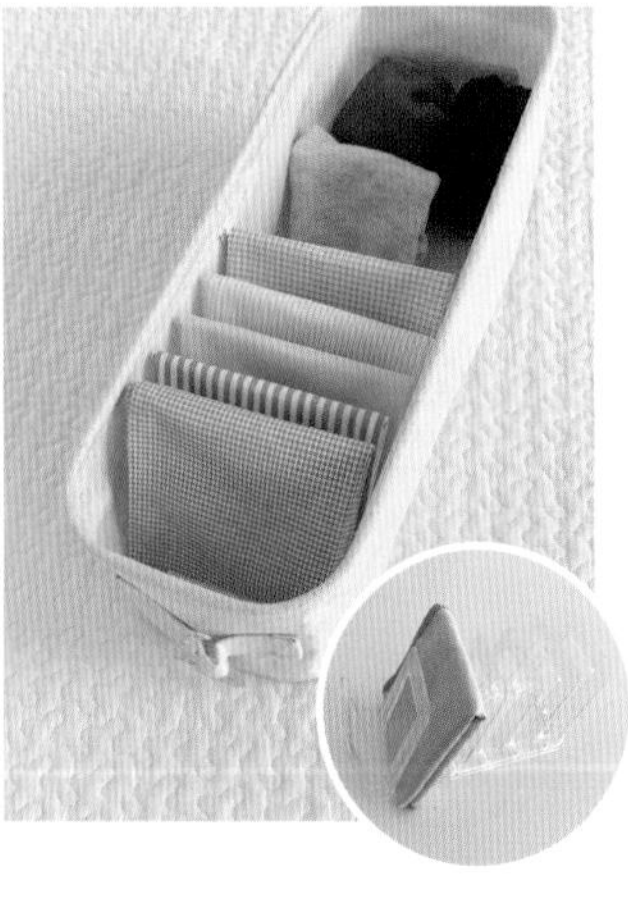

ハンカチは1枚ずつ自立させて収納

ハンカチは、ボックスの中にピッタリはまる100均のハンカチホルダーに入れて、1枚ずつ自立させて収納しています。こうすることで片手でも取り出しやすく、ハンカチを1枚取り出しても、他のハンカチがグチャグチャになるというようなことがありません。

子どもの靴下はネットに入れて乾燥まで

子どもたちの靴下は5色セットのお気に入りのもの。ただ、乾燥機から出すとバラバラになっているのでセットにしてしまうのが大変。その手間を省くために洗濯機の外側に予め洗濯ネットを設置しています。

フックには、子どもたちが靴下を入れ忘れないよう、「くつしたいれてね!」とメッセージを書いたラベルシールを。洗濯ネットの形が三角型になっているので、子どもたちも靴下を入れやすいようです。

くつしたいれてね!
脱いでそのまま入れるだけ

洗濯をするときは、チャックを閉めて洗濯機へ。洗濯が終わったら、ネットのまま乾燥機に入れています。乾いたらネットのまま、靴下収納場所まで持っていき、そこで広げてセットにして片づけるといったシンプルな流れです。

こうすることで、洗濯物に靴下という小物が混ざることがなくなり、探す手間が省け、しまうスピードが格段にアップしました。

ちなみに、洗濯ネットは網目が粗いものだと乾燥機の中でもよく乾くので便利です。

靴下の収納1つでも、「面倒くさいな」がなくなるとすごく楽になります。

扉の内側を使った収納

洗面台の下は、ニトリの伸縮フリーラックを置いて空間を上下で仕切り、ファイルボックスを入れて無駄な空間をつくらないようにしています。

洗面所が狭い分、下から上に向かって少しずつ広がっている収納力の高い100均の定番品のファイルボックスを採用し、お風呂や洗面で使う日用品のストックを入れています。

また、お風呂で使う「ママケアボックス」も収納しています。ゆっくり1人で入浴できるとき用に、ボックスの中には、ボディスクラブやヘッドスパグッズ、蒸しタオルなどを収納しています。

また、扉の内側には100均のワイヤーラックをつけて、洗面掃除で使う歯ブラシや固形石けん、ディスペンサーの充電器などを浮かせています。

扉の内側も、最高の収納スペースになるんです。

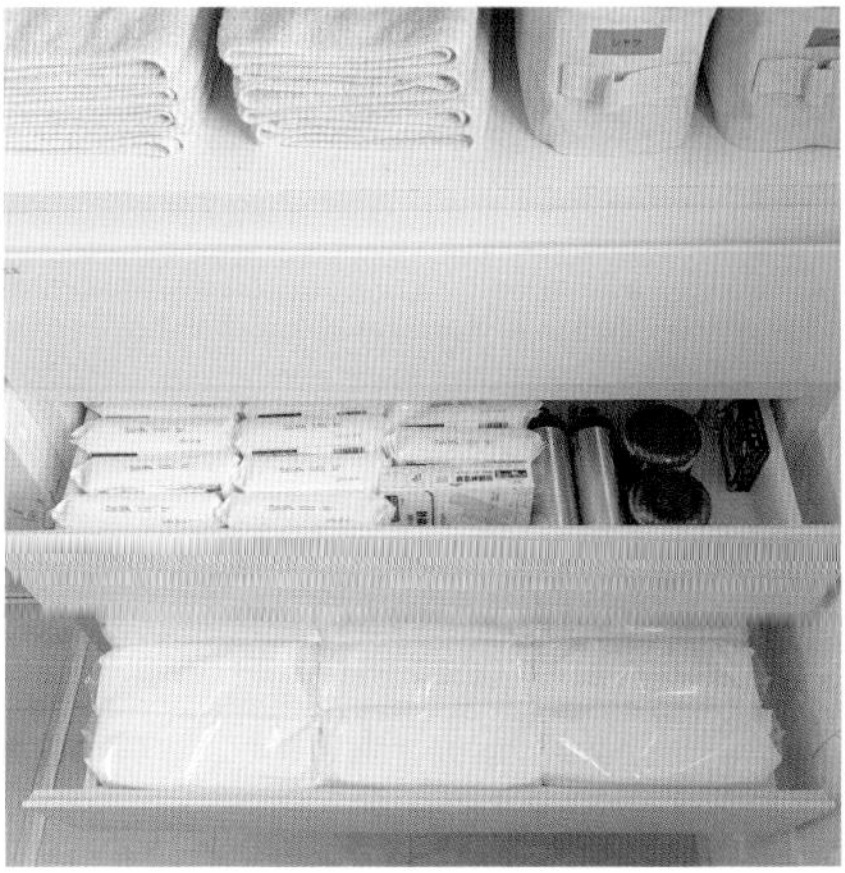

日用品1年分をストック

　ドラッグストアに行く手間をなくしてしまおうと、日用品の1年分収納をスタートしました。ドラッグストアに行く往復の時間を自分の時間に使いたいなと思ったからです。結果、今ではほぼ行かなくなりました。

　1年分のストック量は、日用品に直接使用開始日を記入し、使い終わったらどのくらいの期間でなくなったのかメモをとり、数カ月検証し平均をとって1年の必要量を算出しました。

　今では日用品の残りについて全く考えなくてよくなり、なくなったらストックから持ってくるだけ。とてもシンプルで楽だなと感じています。

　1年分ストックすることで、ドラッグストアでいろいろな商品に目移りしてしまう時間を省くことができ、無駄使い防止にも。災害時にも安心です。メリットの多いストック収納はこれからもずっと続けたいと思っています。

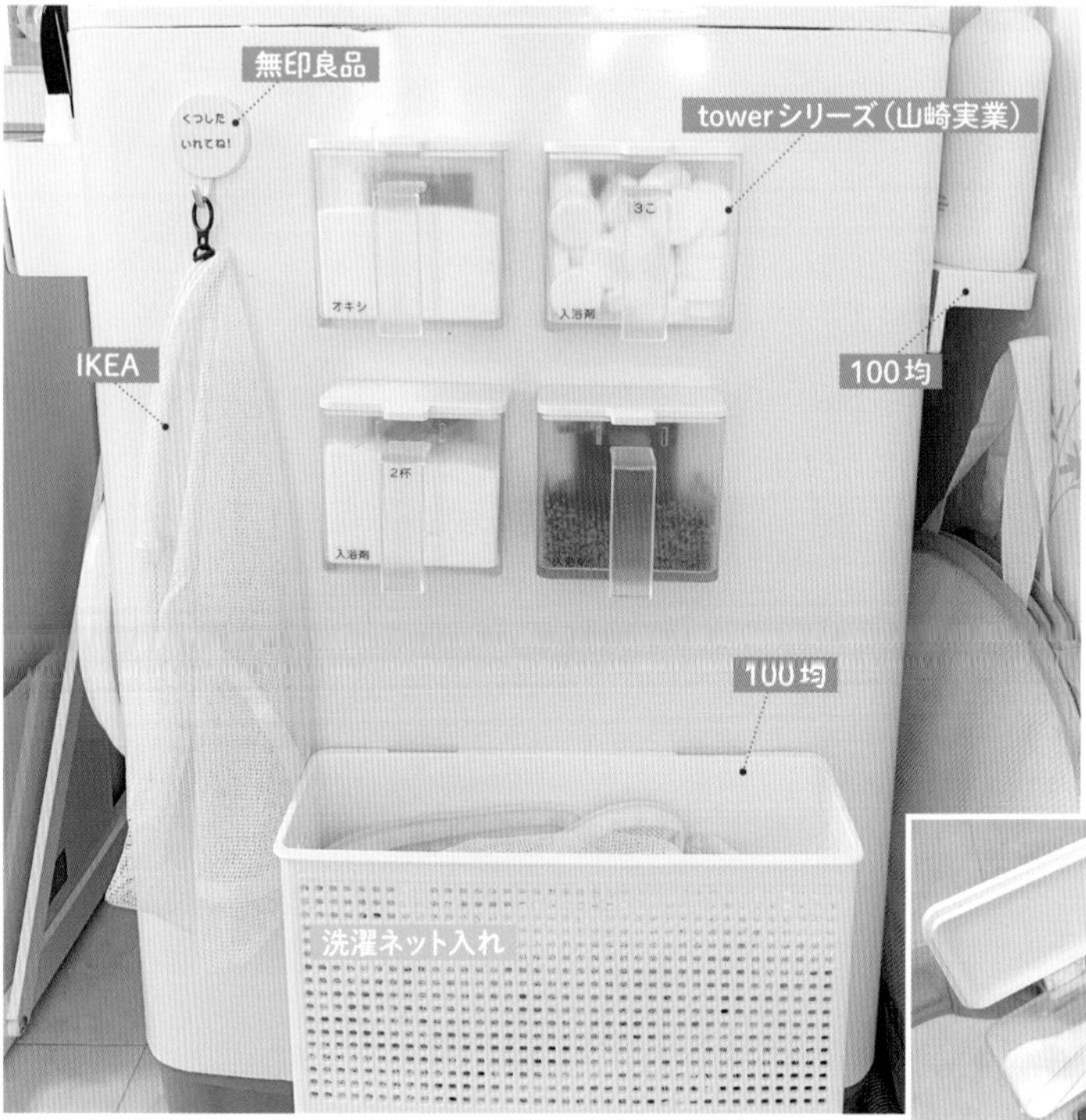

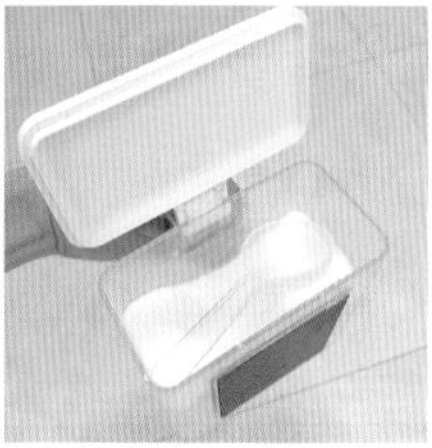

洗濯機の前面に洗剤や入浴剤を

洗濯機の前面部分に、洗濯時や洗面台で使う洗剤、オキシクリーンを設置。取っ手がついているtower（タワー）のマグネット付き収納ケースを洗濯機に直接貼っています。

左手でケースを持ち左手でケースのフタを開ける↓右手で中身を取り出す↓使い終わったらそのまま左手で貼るだけ。とても楽なんです。

洗濯機横に洗面台があるので、洗面台で使うときも手を伸ばすだけでとることができ使いやすいです。

毎日は使わないけど、2〜3日に1回はご褒美で使う3種類のお気に入りの入浴剤もここに収納しています。

浴室のすぐ隣の洗濯機前に貼っておけば、入浴前に今日はどれにしようかなと選んでサッと取り出し、お風呂に入れることができます。ここで入浴剤を選ぶのも楽しい時間になっています。

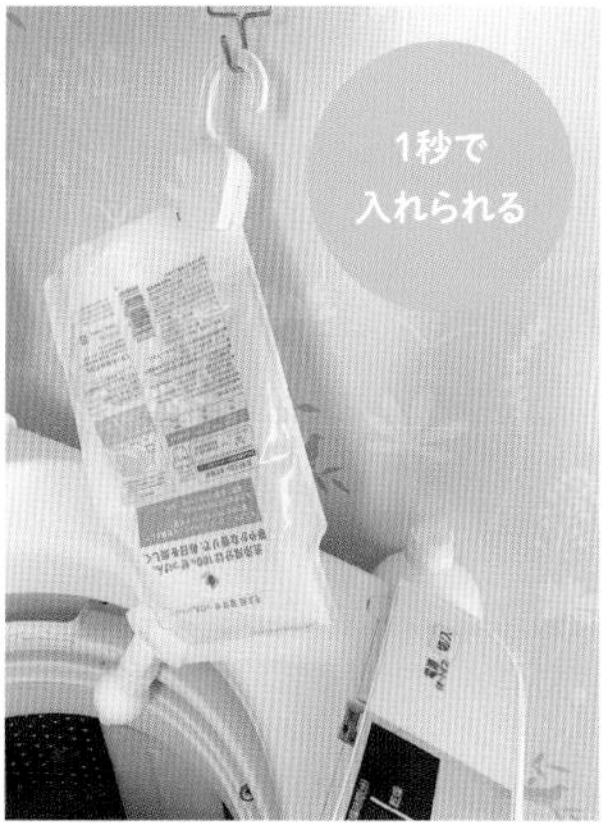

毎日使う洗濯洗剤は プッシュするだけ

洗濯洗剤は詰め替えパックのまま洗濯機横に掛け、使うときは容器を少し洗濯機内にずらしてプッシュするだけ。中身がなくなったら新しいものに取り替えるだけなので衛生的で最後までキレイに使えます。ちなみにボトルの柔軟剤は、サイドの空きスペースを利用して100均のマグネットラックを逆さ向きにして置き、その上にボトルのまま置いています。

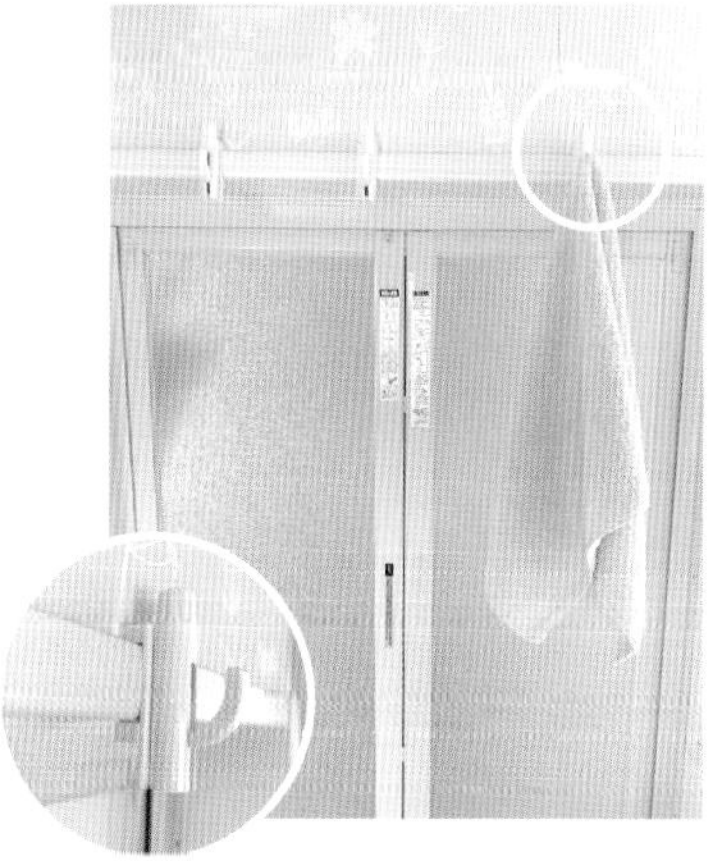

濡れたタオルは一時的に フックに掛ける

100均で売っている鴨居フックはとても便利で、家中のいろいろな場所で使っています。ここでは、お風呂上がりの濡れたタオルを洗濯前に一時的に乾かせるように、浴室の扉の上につけています。狭くても少し工夫をすれば、収納場所はどこにでもつくることができるんです。

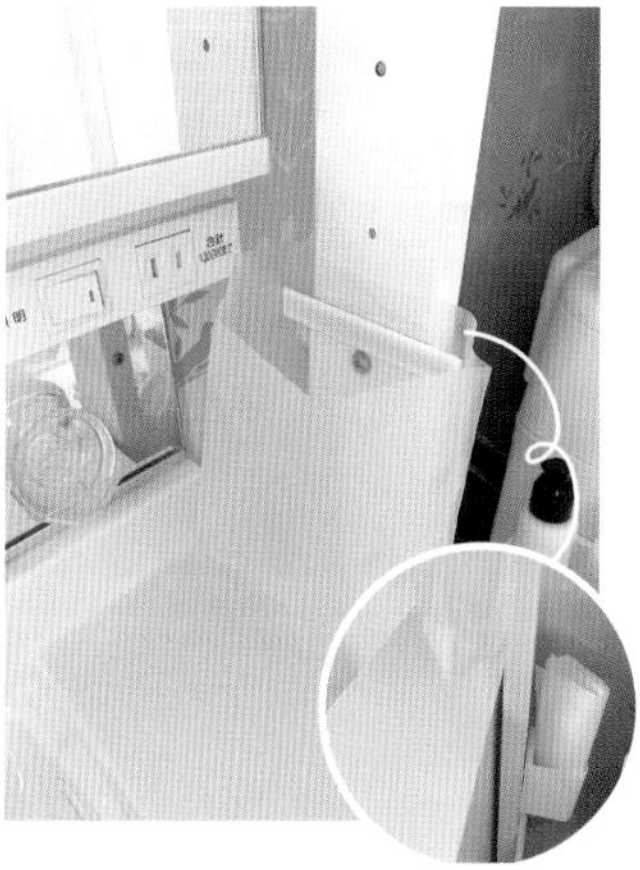

洗面所のゴミ袋も浮かせる

ティッシュや綿棒などを捨てるゴミ袋は自立する使い捨て水切り袋を使い、マグネットで止めて浮かせています。ゴミを捨てやすいよう、幅広のマグネットを使って袋部分が大きく開くようにしています。ストックは、ゴミ袋のすぐ後ろのスペースにマグネットケースをつけて収納しているので、取り替えもすぐにできて便利です。

折りたたみ桶は省スペース収納

洗濯機のサイド面に、手洗い用の折りたたみ桶を掛けています。このスペースは洗面台の右隣にあり、右利きの私にとって最高の収納スペースです。

美顔器はケースにセット収納

美顔器と専用化粧水を100均のマグネット式ケースに入れ、貼れるミラーと一緒に洗濯機のサイドに貼っています。朝は洗面所で、夜はリビングにケースごと持ち出してケアしています。

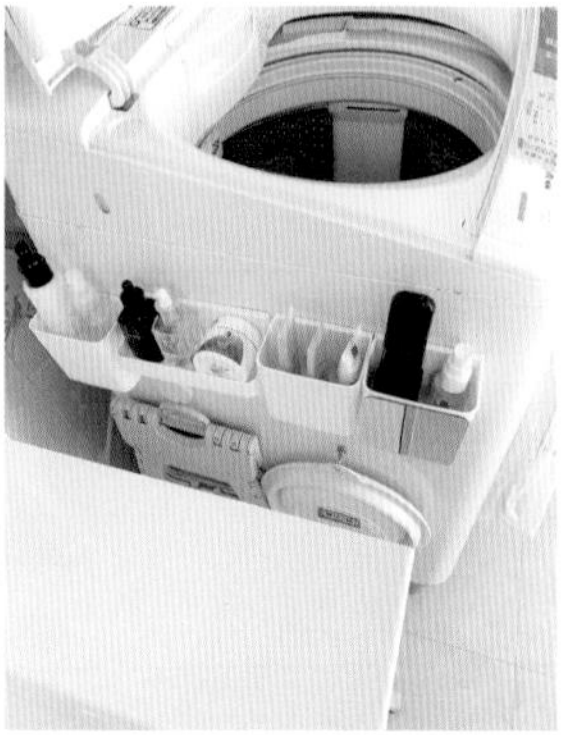

洗濯機のサイド面に出しっぱなし収納

洗濯機はマグネットがくっつくので、100均の真っ白のマグネット付きの棚やボックスを組み合わせて、化粧品やヘア剤などを収納。見た目よりも「使いやすさ重視」の収納場所です。

仕切りを使ってパジャマを収納

棚のいちばん下の深さのある引き出しには、夫と私のパジャマを収納しています。白い布を使って仕切りをつくり、取り出しやすくしています。ここにルームソックスなども収納しています。

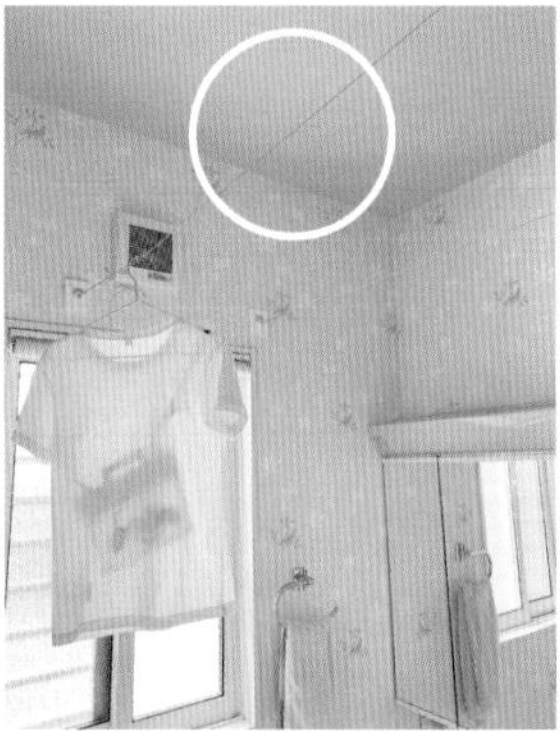

ワイヤーをつけて部屋干し

洗面所にワイヤーを設置して、Tシャツやマスクなど、ちょっとした洗濯物を掛けて乾かしています。使わないときは、ワイヤーをコンパクトにしまっておけるのでとても便利です。

体重計は隙間収納

出しっぱなしだと狭い洗面所では、どうしても邪魔になってしまう体重計。でも頻繁に使いたいので、足元近くの細い隙間に入れ込んでいます。サッと出し入れできるのでしまうのも苦ではありません。

Column 4

「いちばん」を買う

私は何かを買うとき、高価だから、安価だからという視点ではなく、自分が「本当に好き」だと感じるもの、その中でも使いやすいもの、収納しやすいものなど、いろいろな視点から本当に必要かどうか見極め、自分や家族にとっての「いちばん」を選んでいます。

どんな小さなものでも安易に選ぶことはありません。それは家の中に入った瞬間から管理する手間が増えてしまうから。

いちばんのお気に入りに囲まれていると気持ちがハッピーになり、物を大切に扱うことができます。結果、長持ちするので、無駄使いしなくなっていくんです。

物を厳選することは、心地よい毎日とシンプル収納を叶える上で、とても大切です。

ただ、本当に好きなものであれば、増えていくのは仕方ないと思っています。「〇〇は絶対ダメ！」と気持ちを殺してまで制御はしません。そんなときこそ収納を工夫すればOK。自分で管理できてスペースがあるのなら、何も問題ないのです。

もし今、物があふれているのなら時間がかかってもいいので、まず家の中のもの1つひとつを手に取り、好きか好きではないかを判断してみてください。

物に支配されず、物を支配する。この姿勢こそが、シンプルライフへの近道です。

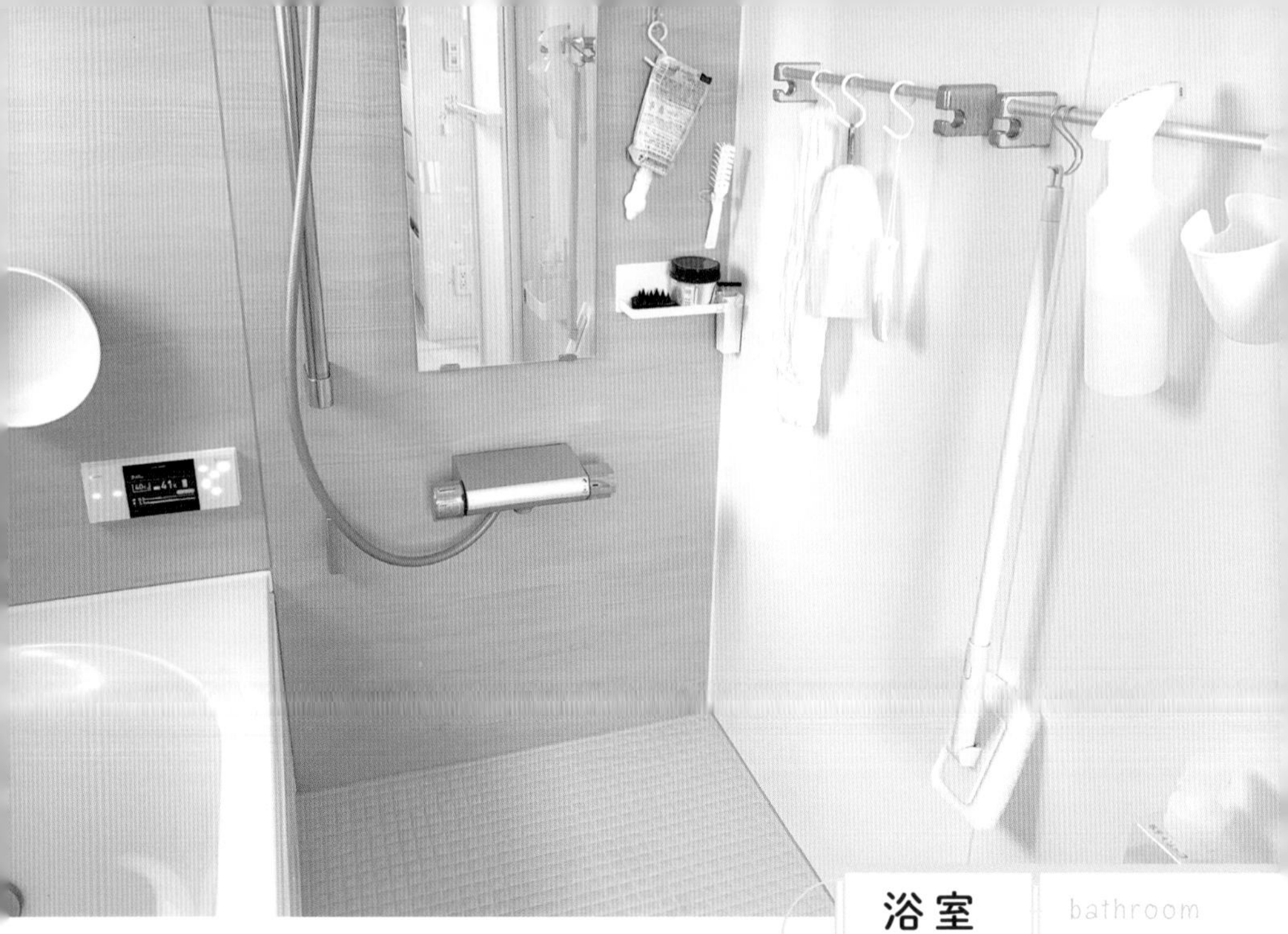

浴室 bathroom

浴室の収納はすべて浮かせる

ボトル裏のぬめり防止のために、浴室ではすべて物を浮かせて収納しています。今まではシャンプーなどをカゴに入れて浴槽の上にあるポールに掛けて、最初にお風呂に入った人がポールからとり、最後に出る人がまた掛けておくというルールにしていました。

でも、夫はポールに掛けるということが難しかったようで、できていない日がよくあったんです。そこで、シャンプーは詰め替え用のまま壁に吊るし、使うときは絞るだけ、ボディソープはマグネットをつけた棚に置いたままプッシュするだけのスタイルに変更しました（棚は水切りできるものを採用。我が家の浴室の壁はマグネットがつく素材なんです）。

「使う→戻す」から「使うだけ」の簡単なスタイルに変更したことで夫の負担を減らすことができました。

使いにくかったら改善する。それを繰り返すことで、最高な収納ができあがっていきます。

ちなみに、桶も裏にマグネットがついているものを選び、浮かせて収納しています。

使っていないものはなくしてしまう

洗い場の前によくある出っ張った棚。どんな使い方をするんだろうと、いつも疑問だったんです。

平日は子どもたちとお風呂に入ることが多いので、みんなで洗い場にいると少し狭いなと感じていて。さらに使っていないのに水垢は溜まるので掃除だけは必須。使っていないならいらないよねと、棚を取り外しました。洗い場が一気に広くなって快適です。

掃除する箇所も減り、空間も今まで以上に広々と使えて最高です。

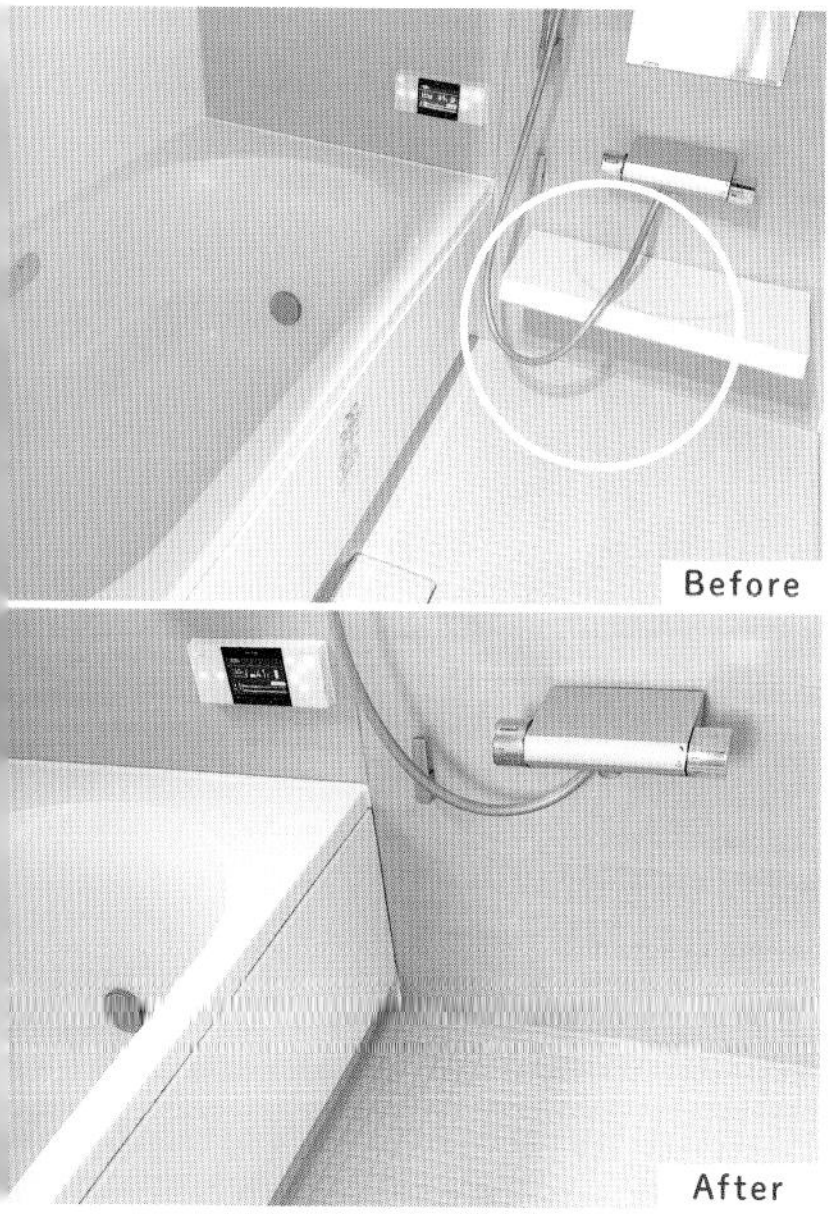

入浴剤はプッシュ式

よく使う入浴剤は、絞るだけのプッシュ式にしています。牛の乳搾りのようで楽しいんです。
浴槽の上のポール部分に引っ掛けてあるので、絞るとそのまま入浴剤が浴槽に入っていくので手間もなく楽です。
また、最後まで中身をキレイに使うことができるのでエコで便利。取り替えるときも詰め替えパックごと取り付けられていいことだらけです。
もう絶対にやめられないおすすめな収納です。

浴室の中にもストックを準備

入浴中に、「あ、ボディソープがもうない、新しいものに取り替えないと……」と思って、浴室を出て洗面所に出ていくのが手間でした。

特に冬場は寒いし、そのたびに、ちょっとイヤな気分になってしまっていたんです。

それを回避したいと思って始めたのが、次のストックを浴室に準備しておくことです。

浴室に洗濯用ポールが2本あるので、邪魔にならない奥のほうに、中身が見えるカゴに入れて掛けるようにしました。

カゴの中にハサミも一緒に収納しておくことで、すぐにその場で新しいものに取り替えることができます。これでいきなりなくなったときも浴室の外に出る必要がなくなりプチストレスがゼロになりました。

子どもたちはお風呂時間に歯磨き

「お風呂が遅くなっちゃった！」

そんなとき、寝る前に子どもたちの歯磨きの時間を短縮できないかなと思っていました。

「みんなで湯船に浸かっている時間を利用して、湯船の中で歯磨きをしてはどうだろう？」

そう思い、浴室の中に子どもたちの歯磨きステーションをつくって、時間のないときには湯船に浸かりながら歯磨きができるようにしました。

マグネットバーを壁に取り付け、そこに水切りができる収納ケースを掛けて歯ブラシを入れています。また、歯磨き粉は容量が少なくなってきたときにすぐに中身が出てくるように、壁につけた100均の「クリアフック」の上に置いて収納しています。

忙しいときは、お風呂から出たあとにすることが1つ減るだけで私も子どもも楽なんです。

ちなみに、浴室には、掃除用の古い歯ブラシを入れた収納ケースも別に設置しています。湯船に浸かりながら、気になったところをサッと掃除できるので、これも便利です。

我が家にたくさんあるものたち

ドライヤーは夫・子ども・私用の4つ

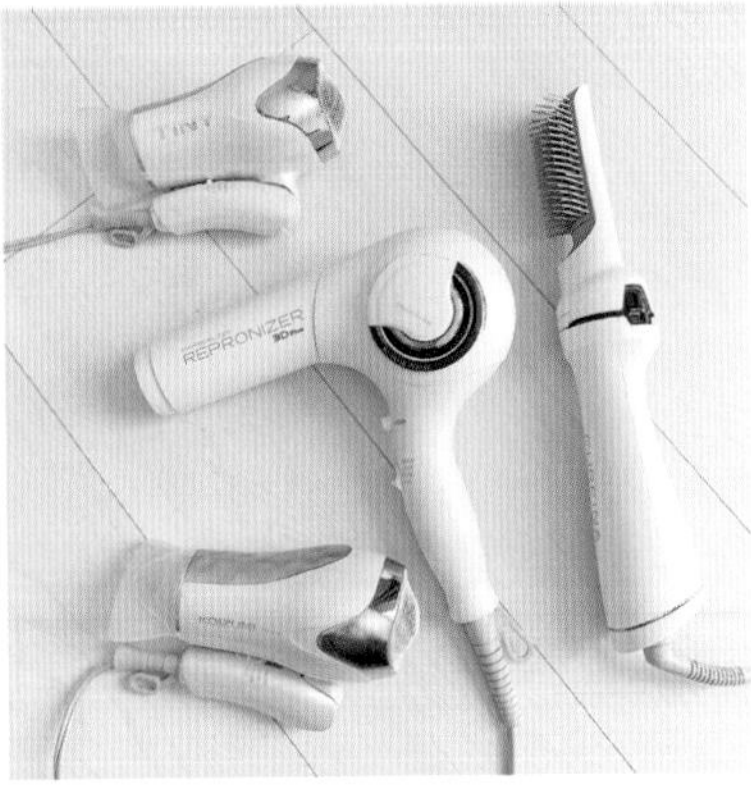

ドライヤーは、夫が朝晩使うものは洗面台の三面鏡の中に、子どもたちと私はリビングで夜だけ使うのでリビングに収納しています。

夫と子どもたちのドライヤーは同じもの。でもこれを1つにしてリビングに収納した場合、夫が朝晩に洗面所からとりに来るという手間が発生してしまいます。

毎日のことを考えるとその無駄な時間はなくしたいので、ドライヤーを増やす選択にしています。

メガネは夫婦ともに2本ずつ

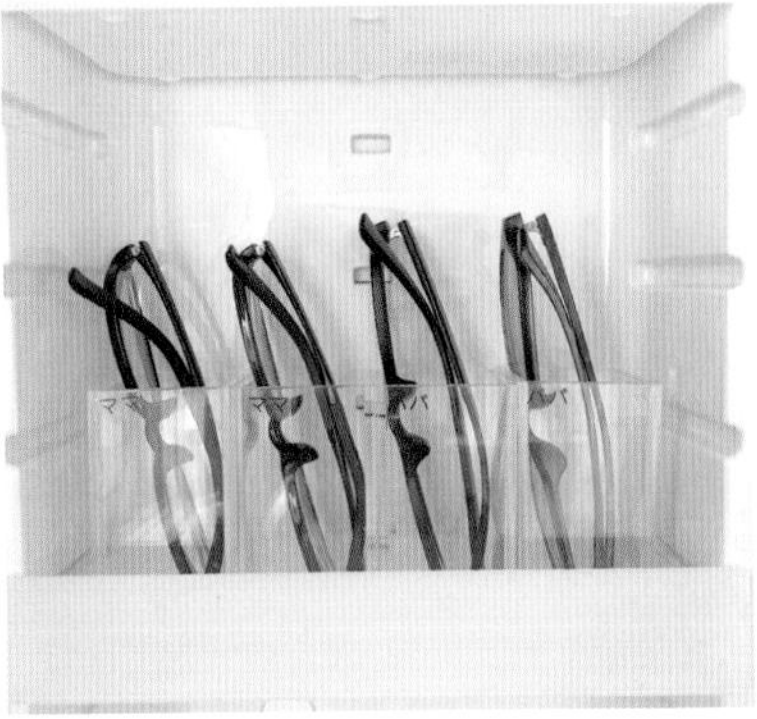

寝るときにメガネを枕元の収納ボックスに入れるのですが、朝起きたらメガネをつけずに洗面所に行くことも。メガネ1本だと、夜に洗面所でいざつけようと思ったときになかったりして不便なんです。

どうしても定位置に戻すことが苦手なアイテムは、2つ以上用意することにしています。

メガネは1人2本。苦手を無理に克服するよりも、物を増やして気持ちよく楽に生活することを優先しています。

必ずしも「物が少ない＝快適」ではありません。

ステップ台も各収納場所に1つずつ

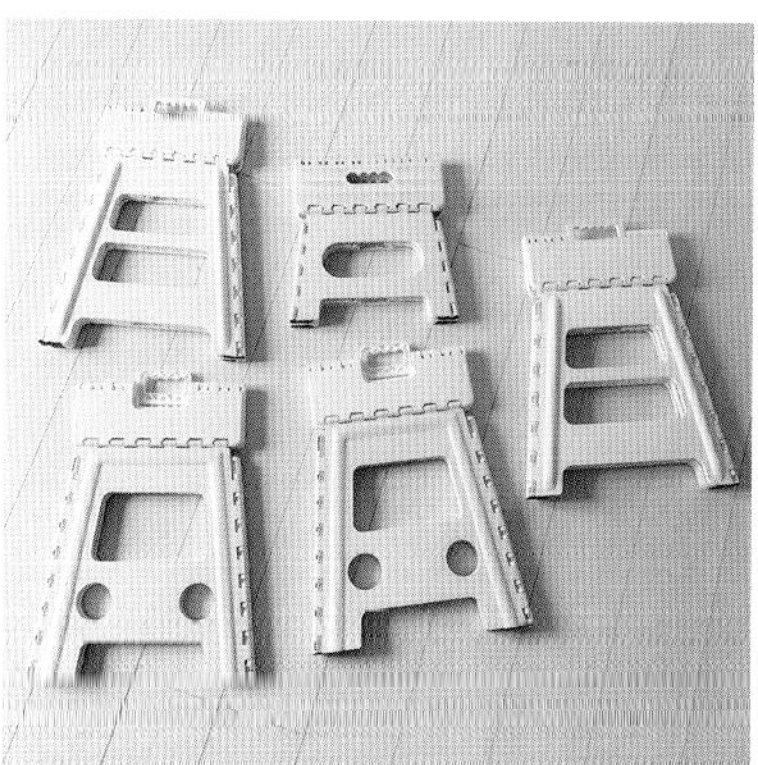

玄関にも納戸にも和室にもリビングにもあるのがステップ台です。高い場所にあるものをとるときに必要なので、各収納場所の近くに１つは置いています。

どの空間や壁にも馴染むように、カラーはホワイトで、シンプルで厚みがなく、折りたたんで壁かけできるタイプのものを選んでいます。

物を減らすことだけに囚われる必要はなく、自分と家族に合った最適な物の数を知ることがベストです。

家の各所にハサミを準備

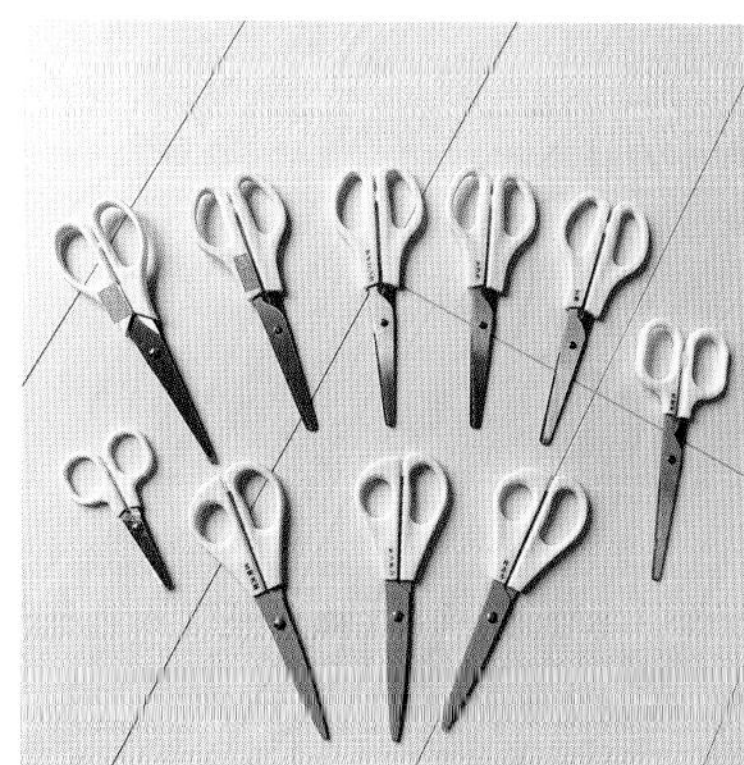

ハサミは、浴室では入浴剤を開封したり、洗面所では衣類洗剤の袋をカットしたり、洋服収納の近くではタグを切ったり、学用品収納の近くでは学校に提出するプリントの切り取り線をカットしたりと、家の中で出番がたくさんあります。

毎日の生活の中で「今やろう」と思ったせっかくの気持ちが消えないよう、ハサミは必要となるであろう場所に収納しておき、とりに行く手間をなくしています。

Column 5

自分の気持ちをいちばん大切にできるようになる

以前は人間関係で悩む時間がよくあったのですが、収納を始めてからは自分でも驚くほどなくなりスッキリしました。

例えば、昔はあまり行きたくない場に誘われたときも、「みんな行くし行っておこうかな」と、自分ではなく周りに自分の気持ちを合わせていたんです。

そんなときは決まって頭の中がモヤモヤしてなかなかスッキリしない状態。精神状態が悪いと、それと比例して部屋も汚くなっていきました。

モヤモヤを引きずり、片づけをするときもどこにしまおうか悩み、一旦そこらへんに放置したり、物を積んだり。そんな状態なので、同じものをまた買ってきてしまうことも。

それが収納を始めたことで、家に入ってくる1つひとつの物に対し、どこに収納するのか、どのように使っていくのか、小さな判断を日々するように。その経験を積み重ねていくうちに、人間関係で迷ったときにも「自分は今どうしたいのか」「そのためにはどうするべきか」を考え、判断に悩まなくなったのです。

悩んだときの判断基準は、収納も人間関係も、いつもシンプルに自分の気持ちをいちばんに大切にできているかどうか。

自分の気持ちに正直になれば、毎日がすごくシンプルで快適になります。

Chapter 4

玄関

～いつでもキレイな状態をキープする～

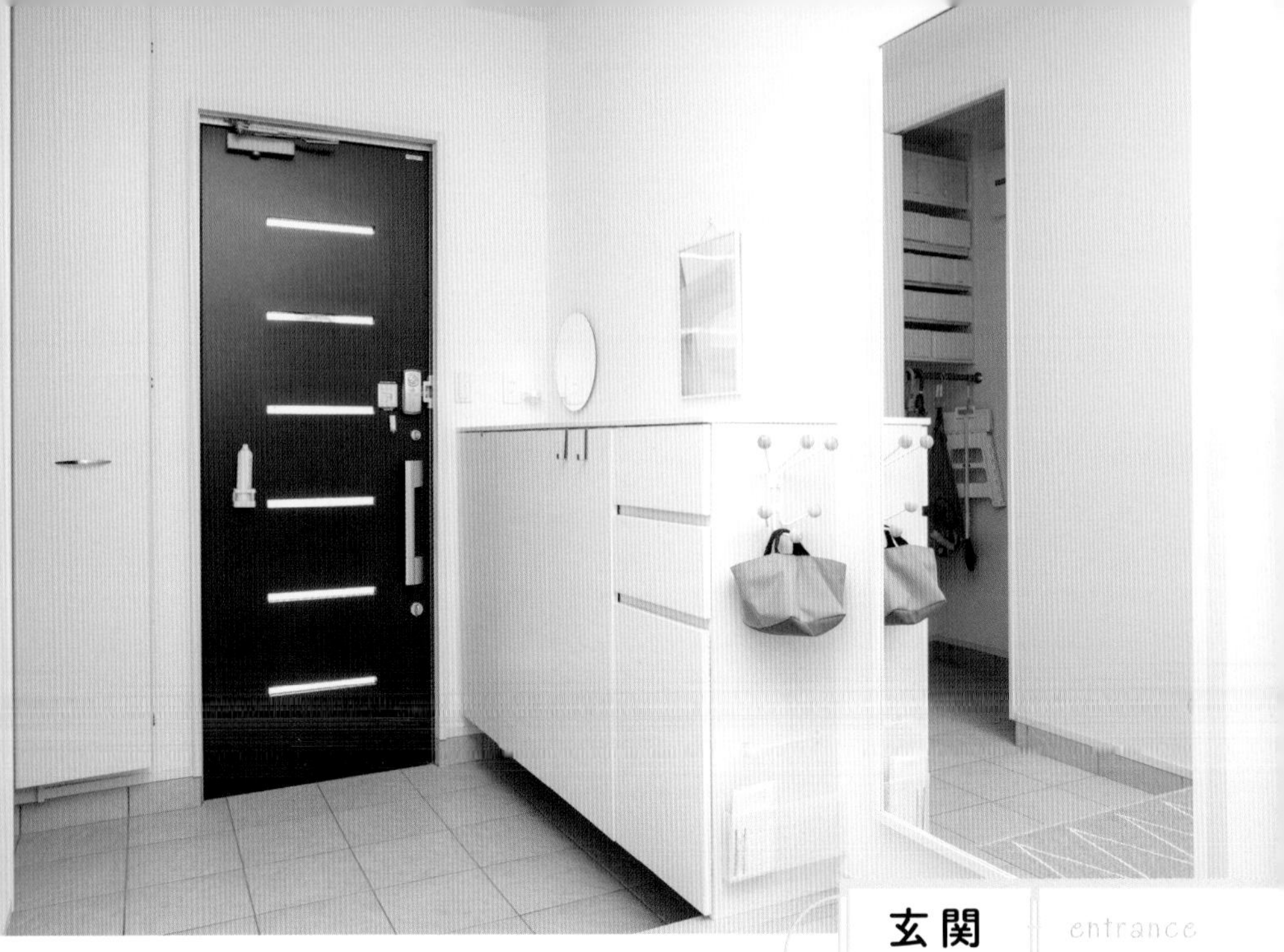

玄関 entrance

毎日サッと簡単に掃き掃除

幸運は玄関から入ってくると言いますよね。なるべくいつも清潔にしておきたい場所です。

ただ、日々のルーティーン掃除を決めてしまうとそれが「毎日の宿題」のようで、やっていないと「できなかった、やり残していることがある」と追い込まれているような気分に。少しでもそう感じるのがイヤで決めないようにしています。

「気づいたらやる、やりたくなったらやる」が私にはいちばん無理がないのです。

子どもたちが学校から帰ってきた出迎えのタイミングや夕方に、玄関の靴箱の上の埃とりと玄関の掃き掃除をするようにしています。

収納を工夫しているので、埃とりをして掃き掃除をして靴の片づけをしても数分で終わります。すぐ終わるので、掃除が苦にならないんです。

掃除をすると、「よし、また明日から頑張るぞ!」と気持ちが前向きになるので、収納で掃除をしやすくすることは大事だなと思っています。

好きなものは無理して減らさない

たまにしか使わない靴も私にとっては全部1軍で大切なもの。好きなものは、使用頻度が低いからといって手放す対象にはしていません。手放して自分の気持ちが寂しくなる断捨離であればする必要はないと思っています。

「○○しなければキレイにならない」など自分の気持ちを殺してつくり上げた空間では、本当の快適な生活は手に入りません。

我が家は夫と私の靴が比較的多いため、靴を半分のスペースで収納できるグッズ（えつこの便利収納ラックのもの）を愛用しています。使いやすいだけでなく、しっかりとした金属製なので耐久性もあります。靴によって高さが調節できるのもお気に入りポイント。子ども用の靴から大人の男性用の靴まで収納できるので、一度揃えてしまえば、子どもが成長したあともずっと使えます。

また、靴箱の中の収納も工夫していて、玄関扉に近い靴箱には季節外の靴やアロマグッズ、日焼け止め、掃除グッズなどを、廊下側から夫、子どもたち、私の順で靴を収納しています。

外遊びグッズの収納にはメッシュバッグ

玄関に入って右手にある収納スペースには出かける際にサッととって持ち出せるものや庭で使うもの、玄関に飾るもの、防災グッズなどを収納しています。

外遊びグッズは100均のメッシュバッグにまとめて収納。中身が透けて見えるのでとり出しやすく、このまま外に持ち出すこともできます。川遊びに行くときにメッシュバッグごと持っていくことも。砂がついたものを中に入れてしまっても、バッグを払うだけで砂をとることができるので便利です。

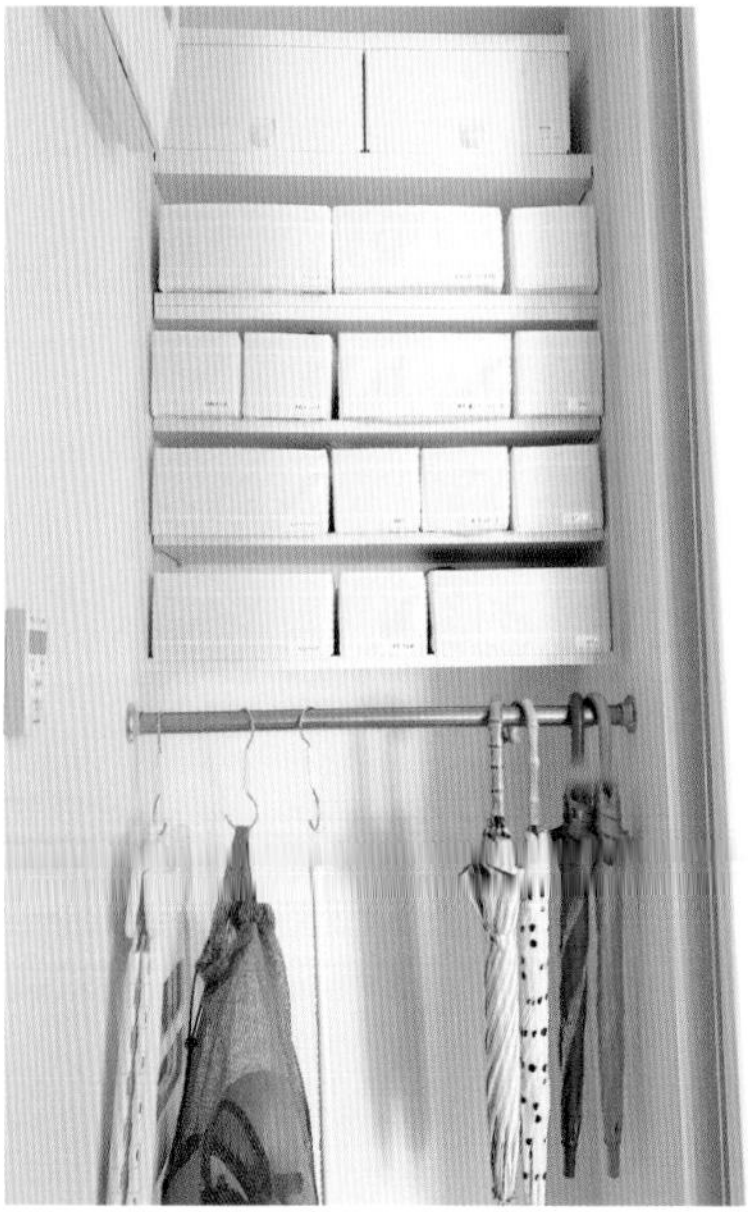

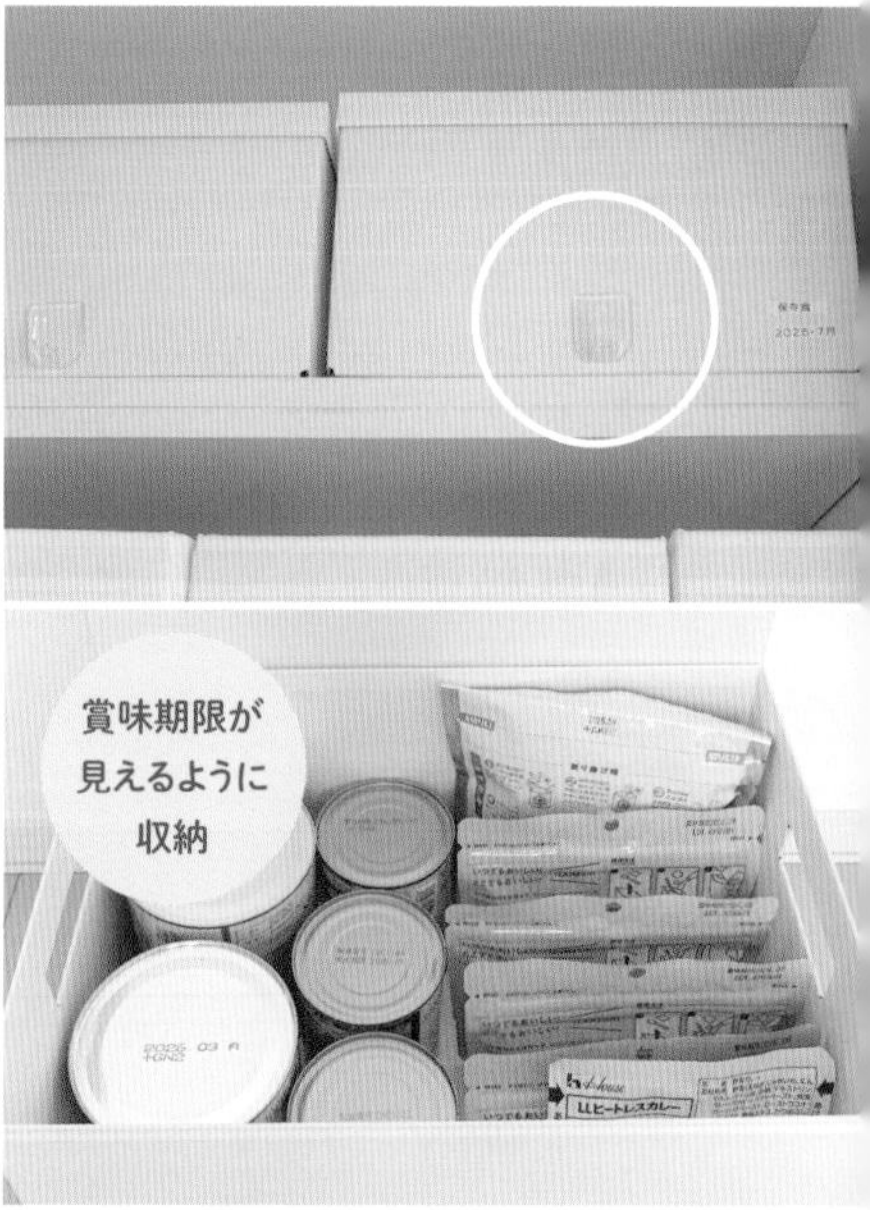

上段の収納ボックスにはフックをつける

上の棚に収納しているボックスは少しとりづらいので、100均で購入した指をかけられるくらいの大きさのクリアフックを、ボックスの下のほうに貼っています。指を掛ければ簡単にとれる仕組みです。

上の棚は安全面も考えて軽量で使用頻度の少ない「長期保管食品」を収納しています。いちばん賞味期限が短い日にちを箱にラベリングし、この日にちを目安に中を見直します。また、全部の賞味期限が見渡せるよう、賞味期限の記載部分を上にして収納しています。

荷造りセットを収納

玄関で荷造りなどの作業をするときによく一緒に使う、ガムテープ、紐、ハサミの3つを1つのボックスにまとめて収納しています。ボックスをとり出せばすぐに作業ができるように、ここでも必要なものはセット収納。家族の帽子も1つのボックスにまとめて入れています。「ここになかったらない」とわかるこの時短につながる収納を、私は「探さない収納」と名付けています。

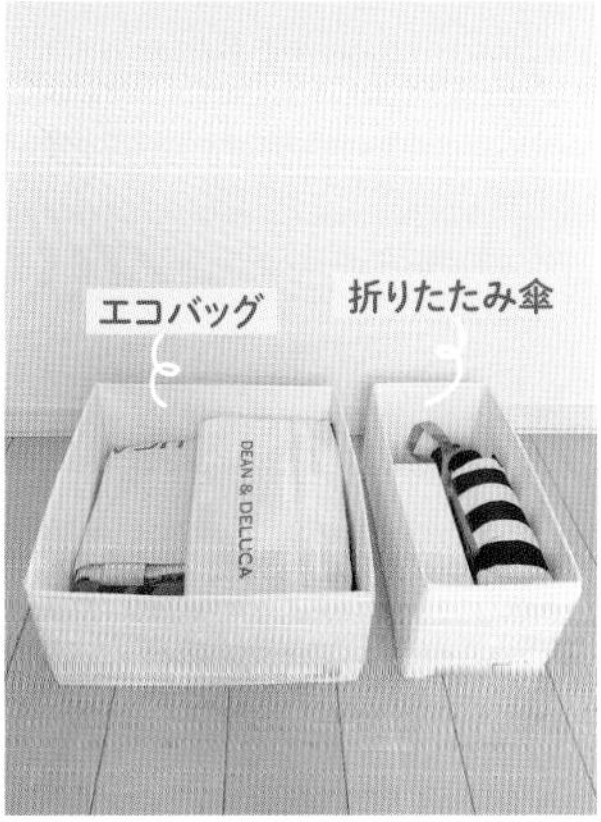

折りたたみ傘と傘袋をセット収納

外出時、雨に濡れた折りたたみ傘は専用ケースに入れてもどうしても濡れてしまい、それをそのままバッグに入れるのがイヤでした。そこで、「出先での傘の一時入れ」として、折りたたみ傘にピッタリ合う形のＩＫＥＡのジップ袋を準備。折りたたみ傘を持ち出すときは、ジップ袋も一緒に持ち出すようにしています。外出時に必要なエコバッグも1つのボックスにまとめて玄関に収納しています。

防災グッズは玄関に

向かいのもう1つの収納棚には、工具類を入れたキャスター付きのボックスや、7年長期保存できる災害用の水、防災リュックやランタン、BBQグッズ、玄関掃除グッズ、ウエス、靴磨きセット、冬小物などをファイルボックスに入れて収納（ランタンの充電器はなくさないよう、ランタンに巻き付けています）。また壁面を利用して、予備のマスクなども収納しています。

玄関扉によく使うものを貼ってしまう

我が家の玄関扉はマグネットがくっつく素材なので、宅配便が届いたときにサッとシャチハタを押すことができるよう、扉の内側にシャチハタをそのまま貼っています。

貼る方法は簡単で、シャチハタに100均の強力マグネットを瞬間接着剤でつけるだけ。マスキングテープでマグネットをつける方法でもOK。取り外しもスムーズで快適です。

また、夏であれば100均の傘立てを使用して、日焼け止めスプレーや虫除けスプレーも貼っています。

玄関先で使用してそのまま外出できるので便利なのと、扉を開けるときに視界に入るので「スプレーしなきゃ」と思い出せるのでおすすめです。

ドアにいろいろなものをペタペタ貼っておくのは生活感が出て見た目はキレイではないけれど、毎日快適に過ごせるように、見た目よりも生活のしやすさを優先しています。

ちなみに、来客があるときや気になったときにはサッと片づけられるよう、近くの靴箱の扉の中に定位置の収納場所をつくっています。

玄関に郵便の一時置き場を

郵便は、玄関で「いる」「いらない」を仕分けして、必要なもののみリビングに持っていくようにしています。

でも、帰ってきてすぐに出かけなければいけないときや、すぐご飯をつくらないといけないとき、クタクタで仕分けする力が残っていないときもあります。

そんなときのために、玄関から死角となる靴箱のサイドに100均で買った薄いクリア色のファイルボックスを設置しています。どうしても仕分けができないときは、ここに郵便物を入れておいて次のタイミングで一緒に仕分けするようにしているんです。

自分を甘やかすための収納であり、何も置いていない靴箱の上にちょい置きしてしまわないようにするための対策です。

仕分けして「いる」となったものは、玄関からリビングに入ってきたときに無理なく収納できるリビングのキッチンの前面収納に入れています（40ページ参照）。

普段の生活の中で「必要な書類はすべてここ」と決めておくと探しやすく、すごく便利です。

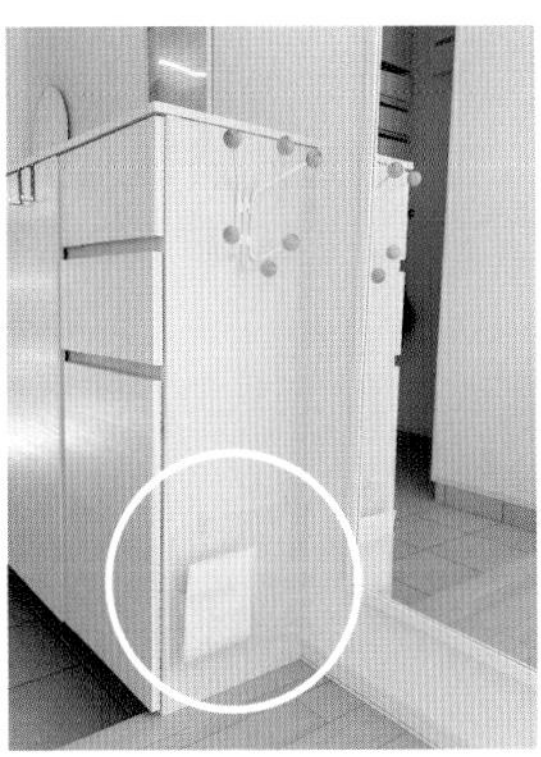

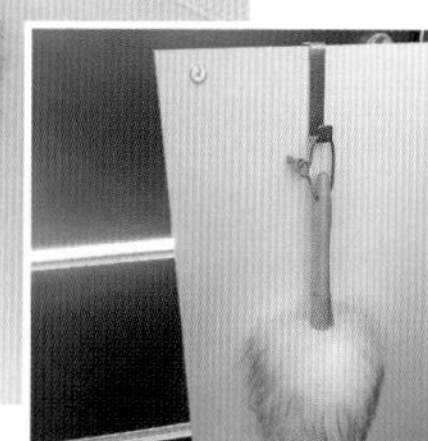

靴箱の上は何も置かない

何かを「置く」と、置いたものをどかしてから掃除しなければいけないので手間が発生します。なので、我が家ではなるべく棚や床の上には物を置かないようにしています。

靴箱の上も、鏡と絵は壁に掛けて、盛り塩も100均アイテムで棚をつくって浮かせています。

何も置いていないので棚の上の掃除が快適ですごく楽なんです。埃をサッととるだけなので、数秒で終わります。

面倒くさくてつい掃除を後回しにしてしまう、なかなか「キレイ」が続かないという問題は、こうした仕組みで解決できます。

ちなみに、靴箱の上の埃をとるハンディモップは、すぐに使えるように靴箱の扉の内側に、フックをつけて掛けています。見た目もスッキリ、キレイが叶っています。

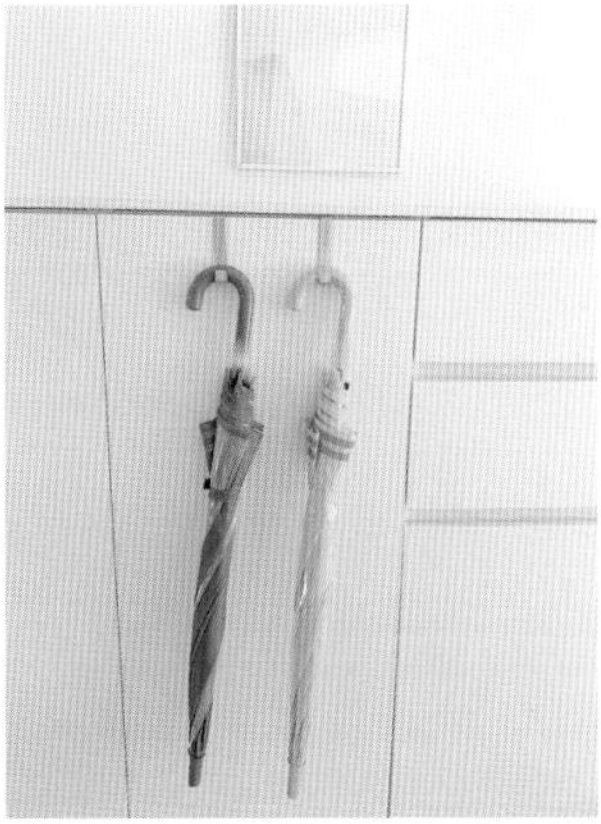

靴箱の扉にフックをつける

靴箱の扉にＩＫＥＡのフックを２つつけて、翌朝使う傘やマスクを一時的に掛けるようにしています。収納スペースから傘を持ってきて事前にここに掛けておくんです。朝、靴を履いているときに視界に入るので忘れものを防ぐことができますし、出発までの準備もスムーズです。便利な収納場所をつくれば､｢忘れものをしてしまう」などの日々のちょっとした問題も解決できます。

死角に一時荷物掛け

靴箱のサイド面に、フックをつけています。ここには、バッグを一時的に掛けたり、翌日持っていく荷物を掛けたりしています。玄関からは死角になるので、入ってきたときに目立ちにくいベストポジション。「ちょっとここに置き場所があったら便利だな」というスペ　スをつくることも、常にキレイを簡単に保つための秘訣です。

プールボックスをつくる

家族全員分の水着やタオルなど、泳ぐのに必要なものはすべてまとめて収納しています(113ページ参照)。まとめておくことで、海や川、プールに行くときなど、いつでも玄関から必要なものを持ち出せます。中身はすべて立てて収納しておくと見やすく、夫でもすぐに探すことができるようになりました。私だけでなく家族みんなが準備できるようにしておくと出かけるときにバタバタしません。

階段下スペースをクローゼットに

我が家には、玄関の向かい側の階段下にも収納スペースがあります。ここは夫のクローゼットとしてスーツ類を収納。突っ張り棒を2本使ってハンガーでスーツや洋服を掛けています。

壁面にはIKEAの布製の収納ポケットを掛けて、サングラス、時計などの小物を入れています。何がどこに入っているかわかるよう、収納ポケットにもラベルシールを貼っています。

また、帰ってきてすぐに服を収納スペースにしまう

のではなく、アウター類はスプレーやスチーマーを当てて一時的に乾燥できるように、扉の外側にフックをつけています。

ここに掛けることで、清潔な状態にしてから収納スペースにしまうことができるんです。

今日の汚れはその日のうちにとって収納することで、収納スペース内もイヤな匂いがつくことなく清潔に保てます。

玄関からすぐにあるこのスペースは、和室やリビングで寝ている子どもたちを起こすこともないので、すごく重宝しています。

和室側と玄関側の両方から出し入れできる収納

階段下の収納スペースの左側は、和室につながっています。和室側と玄関側の扉をどちらも開けておくと通気性がよく、和室の窓を開けておくと風も通り、空気がこもりにくい点が気に入っています。

玄関側からも、和室の押し入れ内のスチールラックに荷物をしまえるという構造で、持ち手が長いバッグなどはスチールラック棚に直接フックを掛けて浮かせて収納しています。

バッグも好きでたくさんあるのですが、近くの棚に「バッグの中身」を入れる収納ボックスを置いています。

帰ったらここにバッグの中身を全部出し、ゴミがあれば捨てて、翌日バッグにまた必要なものを入れるという使い方をしています。

そうすることで、バッグの中に汚れがたまりません（翌日　同じバッグを使うときはそのまま掛けていることももちろんあります）。

また、スチールラックにはアウター類、丈の長いワンピースやスカート、ストール、子どもたちの習い事用のバッグも収納しています。

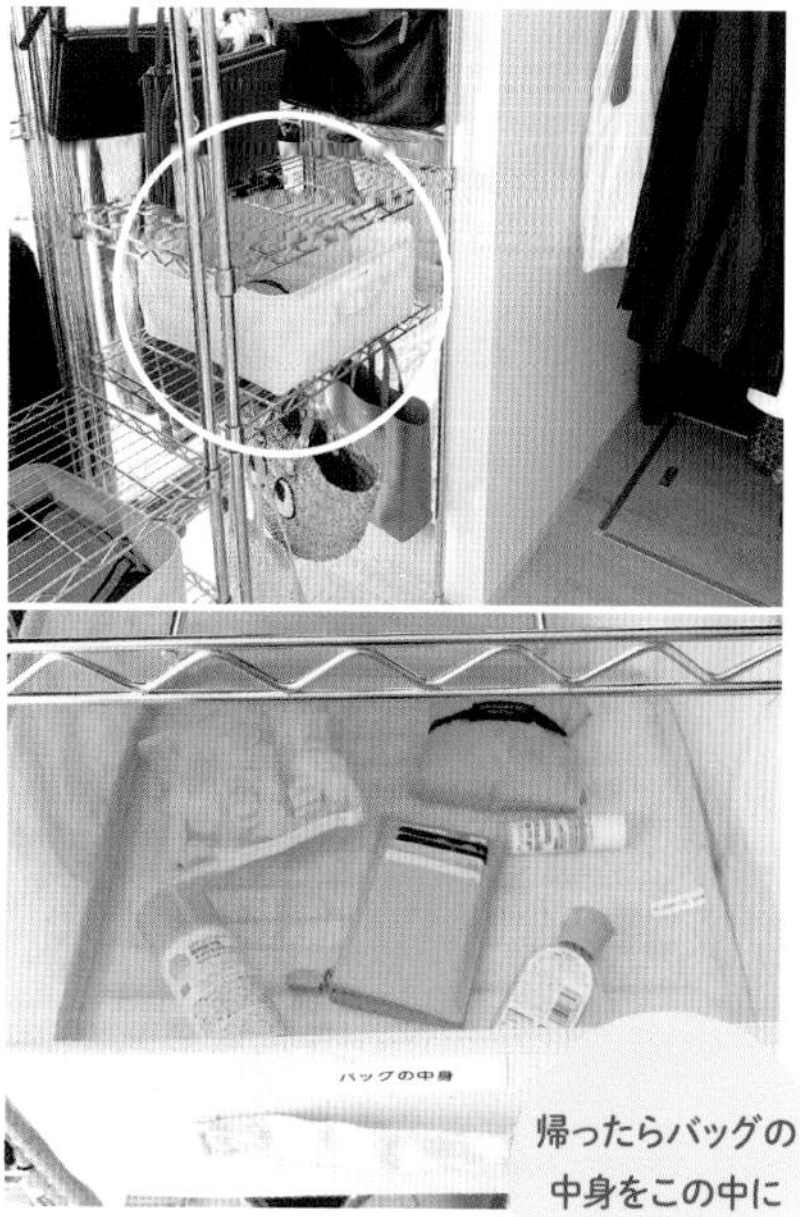

帰ったらバッグの中身をこの中に入れる

daily

洗面台には近くで使うものだけを収納

玄関を入ってすぐ右側にトイレがあります。洗面台はトイレの中ではなく、外に小さなものを設置しました。帰宅してからリビングに入る前に手洗いができたり、来客時にもプライベート空間である洗面所ではなく、ここを使っていただけるので便利です。

洗面台の下には、掃除道具など洗面台や玄関で使うものを収納しています。小さなアイテムも1つひとつ定位置をつくっています。

ゴミ袋も、洗面台の下の扉にタオル掛けハンガーをつけて収納しています。すぐ横に勝手口があり、そこから出た場所にゴミ箱があるので、この場所にゴミ袋を収納すると動線がスムーズなんです。

また、洗面台を楽に掃除できるように、掃除用のスポンジやハンドソープ、フック穴が開いているガラス花瓶に飾ったグリーンなどすべて浮かせています。

この場所の上部には、突っ張り棒をつけて、洗面台で使った雑巾や小物を洗って干す「ちょい干しスペース」もつくりました。日当たりもよく、デッドスペースを有効活用しています。

Column 6

収納で時間が生まれる

収納を工夫して整えると、時間が増えます。

その理由の1つが、探しものをしなくてよくなるからです。

私自身、以前は、かなりの頻度で探しものをしていました。出かける前に「あ、○○がない！」と、慌ててそこら中の引き出しを開け、中の物を全部出して大捜索。そんなことがしょっちゅうでした。

仮に1日3分探しものをしていたら1カ月で約1時間半、1年間で約18時間もの時間をロスしていることになります。

収納が整っているだけで、どこに何があるかがわかるので探すことがなくなり、時間に余裕が生まれます。片づけも悩まないので、常に整理整頓された状態が続き、気持ちも穏やかになります。

私の場合はさらに、「ながら行動」ができるよう、使うものの近くに物を収納することを意識しています。

ドライヤーをしながらスチーマーを使いたいから2つを近くにセット。

こんな収納の工夫も、時短を叶えてくれます。

収納を見直したおかげで無駄な時間がなくなりその分、好きなことをする時間ができました。

人生は一度しかありません。大切な時間を後悔しないように使うためにも収納を整えることはとてもおすすめです。

Chapter 5

子どものスペース

～子ども目線で収納をつくる～

子どものスペース

kids space

物が多い場所から収納を考える

収納を整えていこうと思い立った際、最初に考えたのが子どもたちの物の収納スペースでした。なぜなら、我が家では圧倒的に子どもたちの物が多かったからです。

給食グッズやハンカチ、マスク、おもちゃ、靴下などは、キッチンの前面収納に収納場所をつくりました。子どもたち自身が取り出しやすく、戻しやすいことを意識して整えることで、お互い格段に生活しやすくなります。

それまではカラーボックスをリビングに出しっぱなしにしておもちゃを収納していました。

年齢が幼ければ幼いほど、物をとるまでの工程を簡単にすることが大切であると思ったこと、また、扉の開け閉め自体が、小さな子どもには危ないと思ったからです。

子どもの物の収納は、学校に入る前、低学年、高学年と成長に合わせて、こまめに見直していく必要があります。

学校用品ボックスと折り紙の収納

学校で使うものは学校用品ボックスにまとめて和室に収納しています。（52ページ参照）。新学期に必要な雑巾は兄弟2人分、小学校6年分を収納しています（「雑巾買わなきゃ！」と焦ることもなくなりました）。

必要になるとわかっているものはまとめてストックしておくと心の余裕につながります。

また、夏休みのときだけ使う原稿用紙やりは使わない粘土板、調理実習のときだけ必要になるエプロンなども、ここにまとめて入れています。

たまにしか開けない場所は、細かくカテゴリーに分けて収納する必要はありません。簡単なざっくりとした収納でも、十分使いやすいです。

また、折り紙は小さなサイズのクリアファイルにカラー別にして収納しています。

以前はまとめて折り紙ケースに入れて収納していましたが、「黄色の折り紙が欲しい～」と取り出そうものなら、他の折り紙がグチャグチャになってしまっていました。そこでカラー別に収納することに。

結果、すごく使いやすくて、目当ての折り紙をサッとキレイに取り出せるようになりました。

折り紙はカラー別に収納

ランドセルや教科書はリビングに

リビングにあるキッチンの前面収納に、学校のお便りを入れる2段ケースや靴下、給食グッズ、ハンカチとティッシュ、文具ストック、鉛筆削り、マスク、教科書用のファイルボックス、書類ファイルなどを収納しています。

扉の内側には、朝に身支度を整える用のアクリルミラー、直近の提出物を貼っておくマグネットシート、爪切りやハサミ、連絡帳用の印鑑、ペンを貼り付けて収納しています。学校に行くとき、帰ってきたときに、この扉を開けるだけで準備ＯＫ。

小物類やプリントなどはカテゴリーに分けて細かく収納したかったので、棚板を1枚増やしてプチＤＩＹを。必要なものがギュッと詰まった子どもたちにとって使いやすい収納となりました。

ここの収納はフレキシブルに、学年が上がる前の春休みのタイミングで見直します。

学校の準備ボックスをつくる

２人分の学校小物を１つにまとめています。引き出すボックスの数が少なく簡単な仕組みだと子どもたちも自分で準備ができます。引き出したときに上から何が入っているか見渡すことができるように、ブックエンドやクリアの収納ケースで仕切りをつくって、お弁当箱を詰めるように縦に詰めたり横に詰めたりして収納しています。こうすることで空間にメリハリができ、見やすくなります。

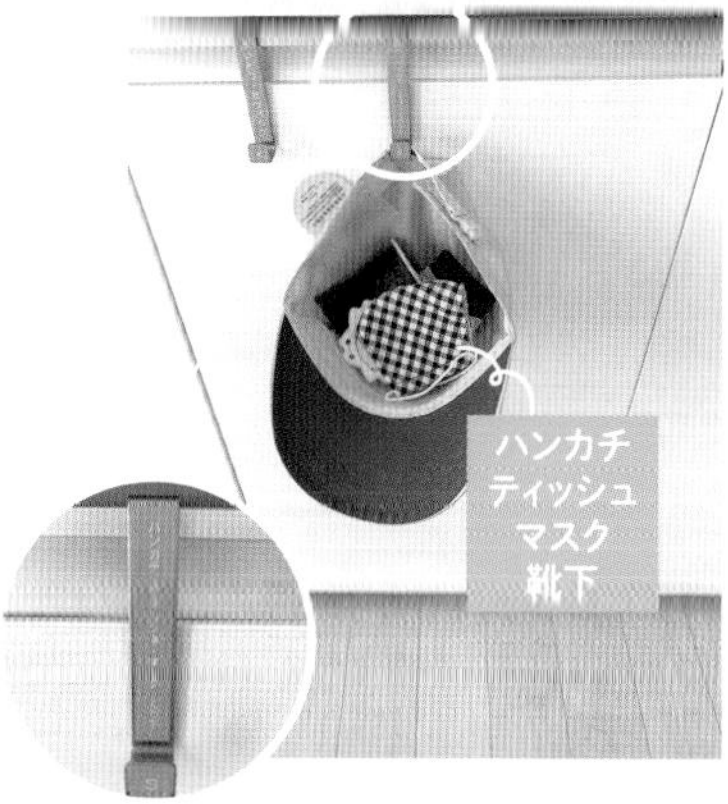

通学帽子の中に翌日必要な小物を入れておく

朝、学校に行く直前に「マスクがない」「あ、ハンカチとティッシュ」「靴下も履かなきゃ」「名札も！」と探しているとバタバタします。「できることは前日にやっておこう作戦」で、扉につけられるＩＫＥＡのフックに帽子を掛けて、その中に翌日必要な小物を入れています。また、入れるためのフックに直接ラベリングすることで、目で確認しながら入れられ、忘れもの防止にもつながります。

靴下は学校グッズと一緒に収納

子どもたちの下着は洗面所に収納していますが、靴下は学校グッズと一緒に収納しています。出発前はリビングで過ごすことが多いので、ここに靴下があると準備がスムーズなんです。楽で使いやすい場所に収納しておくことで朝や出発前のバタバタ時間が軽減され、みんながハッピーでいられます。「早くして～」の声かけがなるべくなくなるよう収納スペースを整えることを意識しています。

学校書類は
ジャバラ式のファイルに

よく見返すことが多い、確認が必要な学校書類は1つのファイルに収納しています。シンプルな背表紙で収納しているときはスッキリ見えますが、取り出して開けるとジャバラ式のファイルになっているもの。それぞれのポケットにラベルシールを貼り、開いたらプリントをポイポイ入れるだけの簡単な仕組みです。面倒くさがりの私に優しい収納なので、無理なく続けられています。

入れるだけのプリント置き場と
プリントの仕分け

学校から持ち帰ってくる大量のプリントは100均の２段の書類ケースに収納しています。子どもの手がすっぽり入る高さのケースを選んだことで「入れるだけ」の簡単な仕組みが完成。ケースには、ブルーは長男、イエローは次男とわかるよう丸いシールを貼っています。また、真下に「捨てるプリント」ケースをつくり、いらないプリントはここに仕分けし、ある程度溜まったら捨てています。

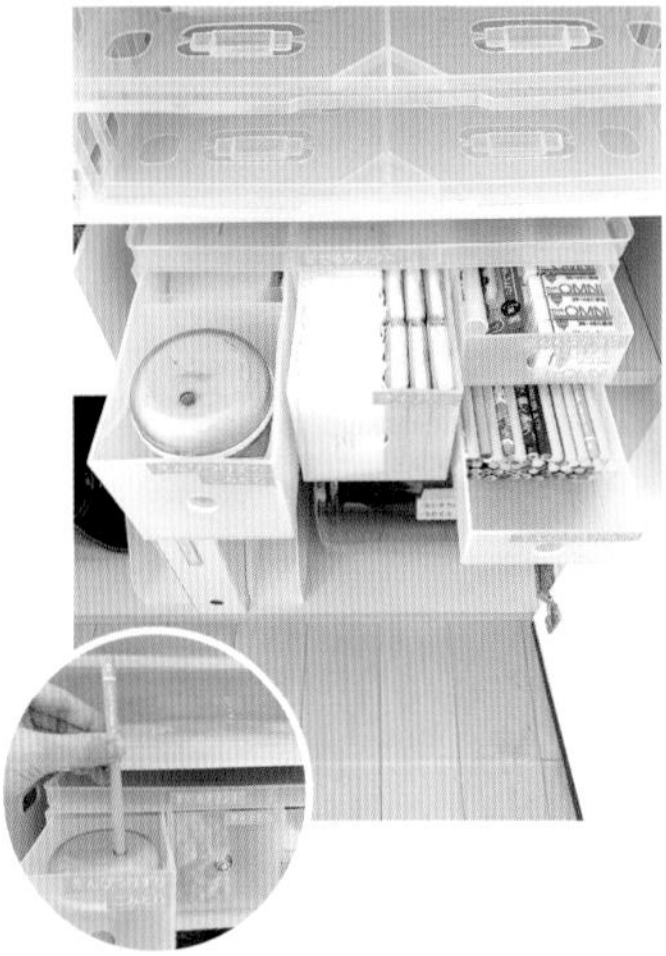

学校小物をストック

無印良品の3段ボックスにはティッシュや文具、鉛筆のストックを引き出しごとに収納しています。また、鉛筆削りも引き出しの手前に入れて、引き出してそのまま鉛筆を削れるようにしています。内側に無印良品の「シート仕切りボックス」をサイズに合わせてカットして間に挟んでいるので、汚れてきたら「シート仕切りボックス」を取り替えるだけ。なので手入れも楽で清潔に使えます。

忘れもの防止には付箋が便利

「週明けに〇〇を持っていかないといけない、けど忘れそうだな……」。そう思ったタイミングに、ランドセル横に掛けて収納してある付箋《ふせん》にメモをして、ランドセルに貼っておくようにしています。

ペンも右の扉の内側に貼ってあるので、右手でペンをとり、左手で付箋をとってサッと書くことができ行動に無駄がありません。

メモを書いて貼ったら、もう覚えておこうと頑張る必要がないので、すごく楽です。

大人も子どもも楽しめる「つい戻したくなる収納」

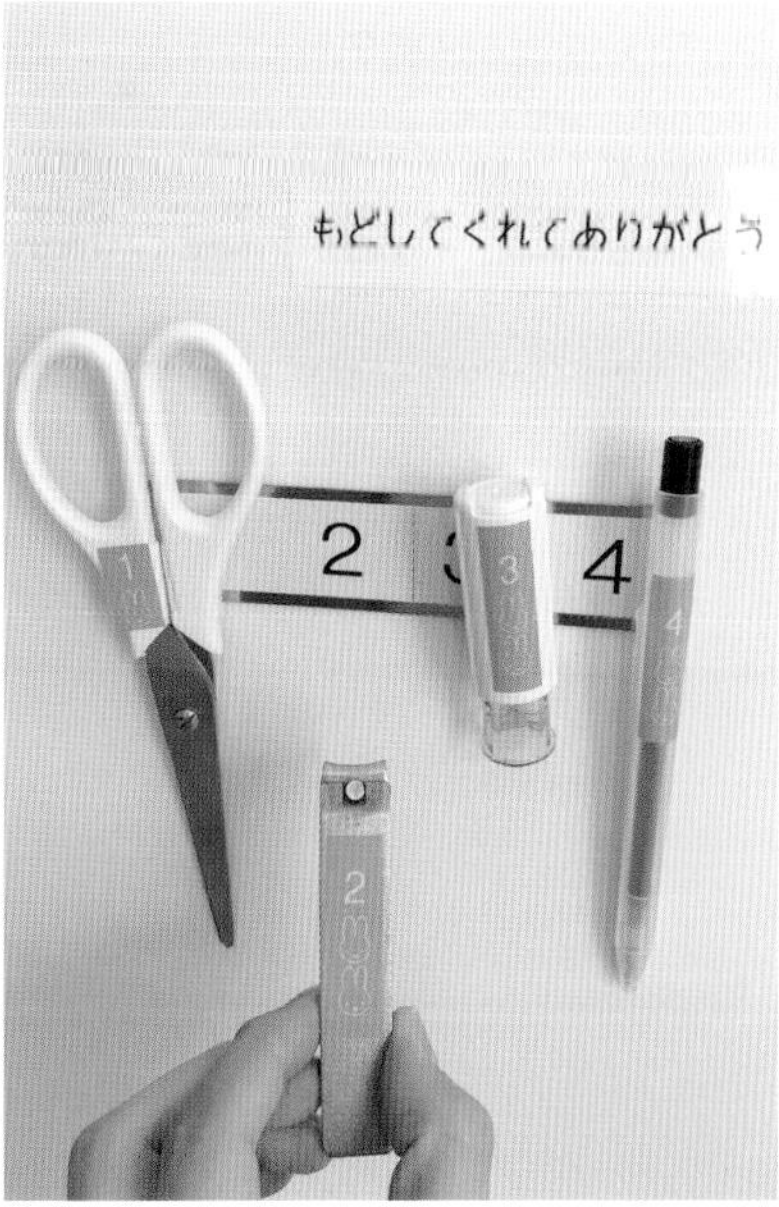

扉の内側に100均のマグネット板を貼り、数字をラベリング。ハサミ、爪切り、印鑑、ペンにもそれぞれ数字をラベリングし、同じ数字が書いてある場所へ戻すという「つい戻したくなる収納」を考えました。

ただ「元に戻してね！」ではなく、片づけが楽しくなるよう工夫。1、2、3、4と並んでいると、戻さなきゃいけないという義務感よりも、つい数字どおりに並べたくなる気持ちが勝つんです。「もどしてくれてありがとう」のメッセージラベルもポイントです。

兄弟にテーマカラーを設定

小さい子どもには、名前を書いてラベリングするよりも「カラー判別収納」がすごく効果的です。長男はブルーが好きで、次男は黄色が好きなことから、色違いで物を揃えるときはこの2色を選択しています。

テーマカラーがあると、収納にも使えて便利です。収納ケースに100均で売っているカラーシール（43ページ参照）を貼ったり、お薬手帳や保険証や診察券入れをテーマカラーで揃えたり。人別にテーマカラーを決めるのは、すごくおすすめです。

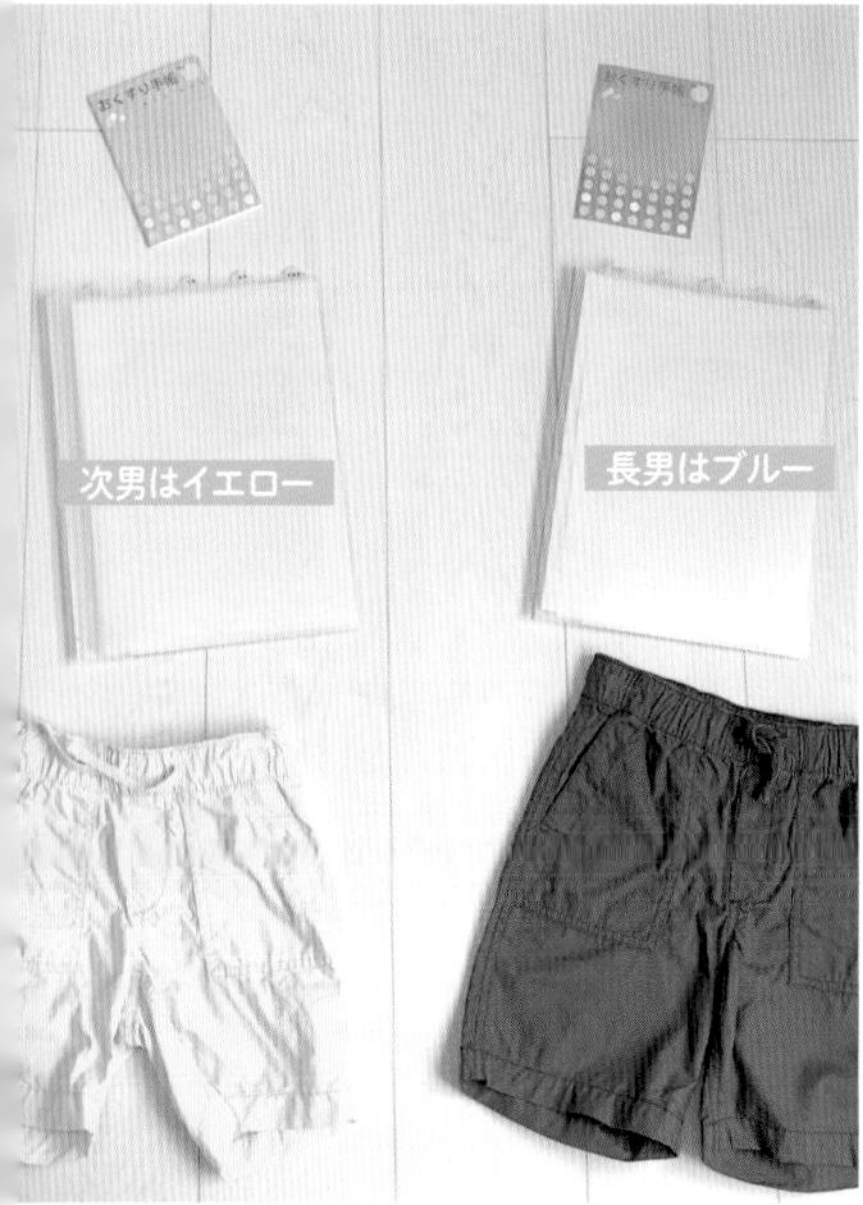

同じ色のパジャマには貼れるタグシールを

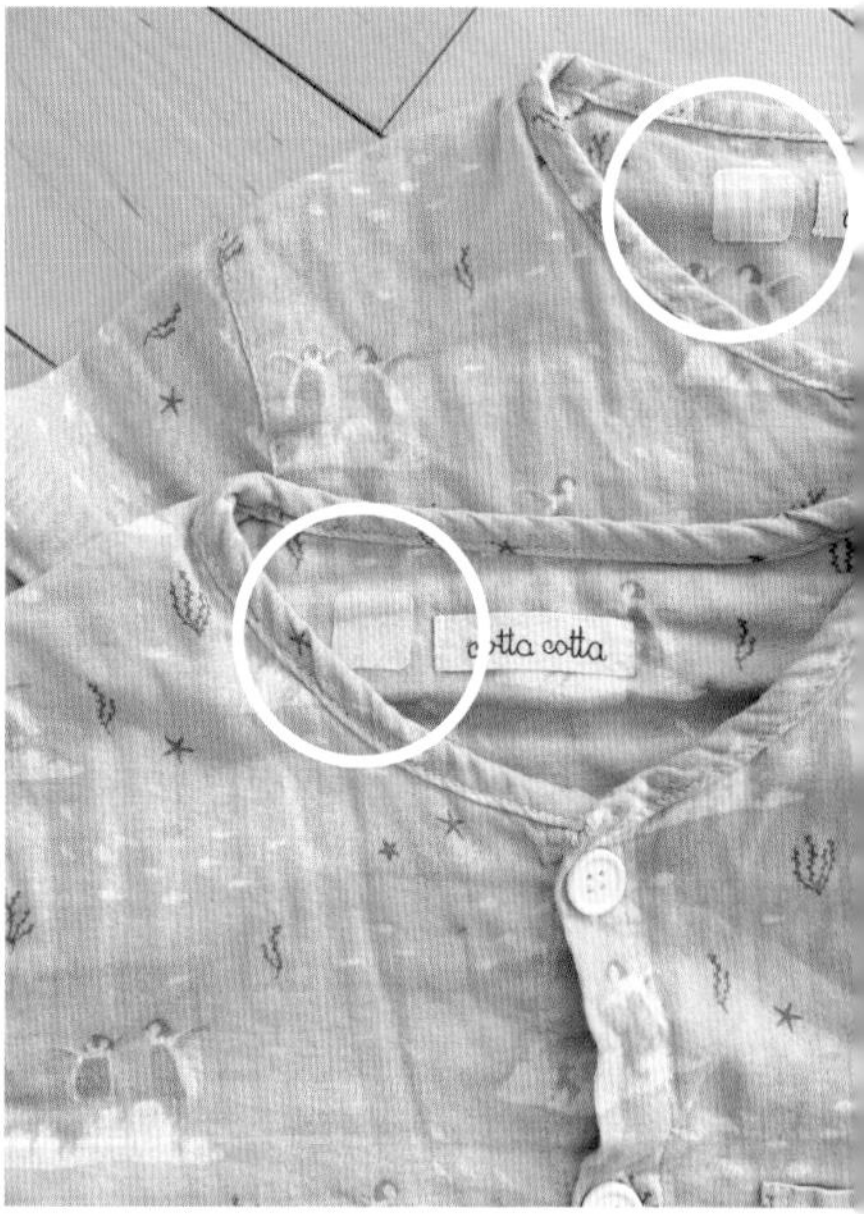

2人一緒の柄のパジャマの場合は、それぞれのパジャマを探すときに時間がかかってしまいます。

そこで、100均の服に貼れるカラーのタグシールをつけることに。長男はブルーのチェック柄、次男は黄色のドット柄のタグシールを貼って、わかりやすくしています。

子どもはいろいろな角度から取り出すだろうと、パジャマの前後、胸ポケット、ズボンも2カ所と多めに貼ってすぐにわかるよう工夫しています。

服は1カ所にまとめる

子どもの服は、すべて和室のスチールラックに収納しています。普段使う服はハンガーに掛けて、子どもたちがとりやすい高さの位置に。季節外れの服に関しては、「トップス」「ズボン」「モコモコの冬服」「パジャマ」「アウター」をボックスごとに分けて、スチールラックの上段に兄弟2人分を一緒に収納しています。

普段着る服と衣替えの服を同じ空間に収納することで、衣替えもサッと終わらせることができます。

おもちゃは1軍と2軍に分ける

よく使うおもちゃは、キッチンの前面収納の中に入れています。遊ぶ場所とおもちゃが入った収納場所と寝る場所が近いので、寝る前にサッと片づけるようにしています。負担なく片づけられる場所であれば、片づけが手間だと感じる気持ちも少なくなります。

また、休日やたまにしか遊ばないおもちゃは、和室収納の奥（玄関側）に入れています。収納場所を1軍、2軍と2カ所に分けることで、普段よく使うオモチャが明確になり、毎日の片づけがスムーズになります。

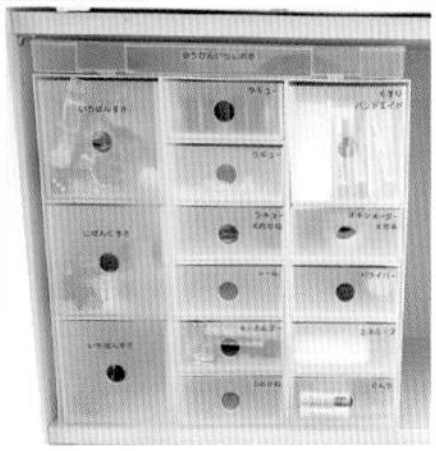

細かいおもちゃはボックスごと取り出せるように

1軍のおもちゃはキッチンの前面収納の中に入れていますが、この中でも真ん中と右サイドの2つに区分して収納しています。

細かくて片づけに少し時間がかかりそうなものは、それを広げて遊ぶスペースの真ん前（リビングのラグ前）に収納場所をつくりました。子どもが遊んだり、私と一緒に片付けたりしやすく、夫など人が通る生活動線上にも近くないため、ここがピッタリだったんです。

細かいブロックのようなおもちゃは少し片づけが面倒なので、子ども自身がボックスごと引き出して遊んで片づけができる仕組みに。

引き出しごと取り出してラグの上で遊び、遊んだらそこから近い場所にある引き出しにしまう。そうすることで、短時間で片づけることができるようになります。

大きめのおもちゃはざっくり収納

大きめのおもちゃに関しては、長男と次男の名前のラベルシールをそれぞれ貼った大きなボックスにざっくり収納できるようにしています。

細かすぎる収納にしてしまうと、片づけが「時間がかかる面倒な行為」になってしまい、小さい子どもはやらなくなってしまうからです。

早く片づけたいとき、片づけが面倒なときは、「細かいものも全部一緒に自分の名前ボックスに入れちゃえー！　また次遊んだときに一緒に片づけよう！」と、「ゆる片づけ育」をしています。

子どもの名前をつけたボックスをつくったことで、心にゆとりを持てるようになったなと感じています。「なんでもしっかり完璧にこなさなきゃダメ！」ということはなく、時と場合、年齢に応じて、ゆるめるところはゆるめることも大切にしています。

また、名前で分けたボックスをつくると、「マイ宝物ボックス」みたいな感覚になり、子どもたちは自分でしっかり管理しようといった気持ちにもなるようで、自立心が芽生えることにもつながっています。

長い剣の収納には「傘ホルダー」

男の子が大好きな剣のおもちゃ。次男も1つ持っているのですが、長くて収納に困っていました。

やっと見つけたのが、100均で売っている「傘ホルダー」。これが長い剣の収納にピッタリだったんです。1軍のおもちゃが入っている扉の外側につけて収納しています。粘着力も強く、はがしたときに跡も残りにくいフックで、そこまで目立つこともありません。

シンプルにスッキリ収納できて、次男も使いやすいようです。

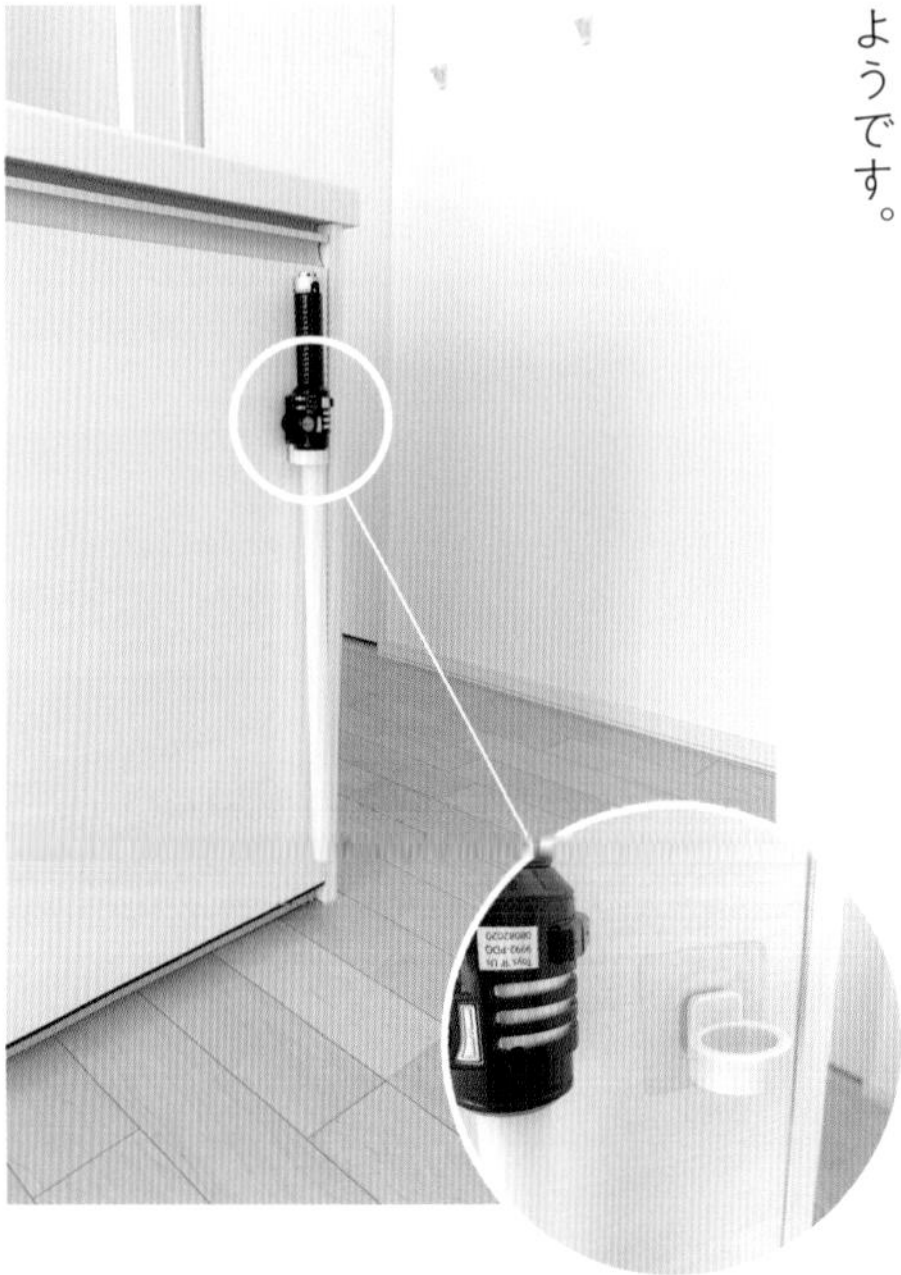

扉に収納ケースを取り付けて「一時収納場所」に

リビングで子どもたちと長く過ごすときは、キッチンの前面収納の扉に収納ケースをつけています。「お菓子の食べかけの収納」や「リビングで遊んだおもちゃの一時収納」などに使っています。

またあとで遊ぶかもしれないものを都度決まった収納ボックスに戻すのは面倒くさいですし、食べかけのお菓子をあとでまた食べることもあります。

そんなおもちゃやお菓子をちょっと置いておくのに、この収納ケースはすごく便利です。

作品ボックスをつくる

学校から持って帰ってきた作品に関しては、少しの間リビングで飾るか、とっておきたいものは作品ボックスに入れています。

　この「いらない」「とっておく」「飾る」の判断も基本的に子どもたちに委ねています。

　飾るものは季節ものが多く、季節が過ぎたら「もうクリスマス終わったけど、どうする？　とっておく？」と子どもに聞いて「いらないよ」と言えば処分します。「とっておきたい」と言ったものは、和室収納の中の「作品ボックス」の中に入れて1年くらい保管しておきます。

　年末頃にこのボックスを見返して、再度子どもたちと「いる」「いらない」を判断し、「いる」ものや写真付きのものは2階の思い出ボックスの中に長期保管します。

　2階の作品収納は、白い細長いボックスを縦にして収納。あとから追加した穴が開いているボックスは、指を掛けて簡単に取り出せるので、よく取り出す必要があるものはここに収納するようにしています。

「小学校（長男）」などのカテゴリーごとに箱で分けているので、取り出すときも見返すときにも便利です。

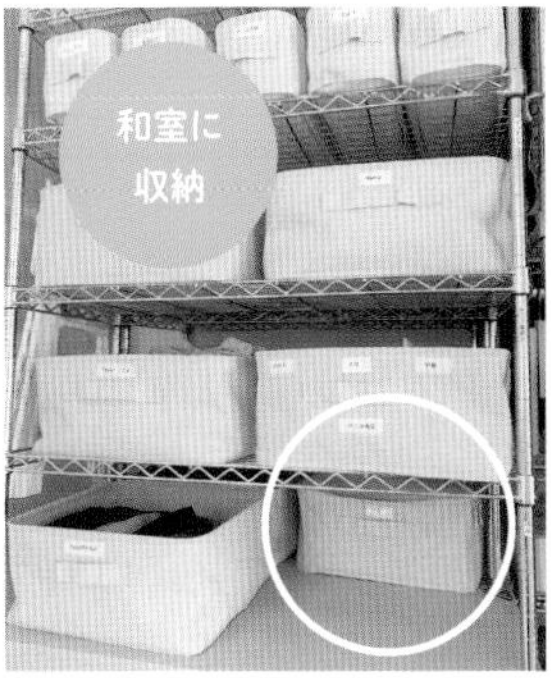

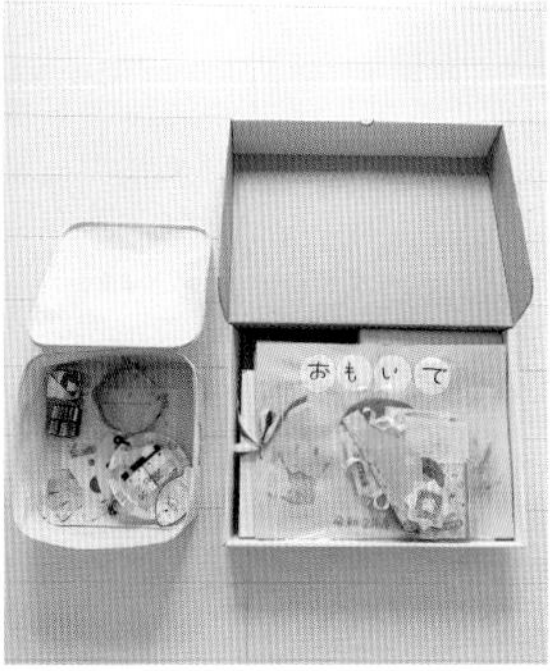

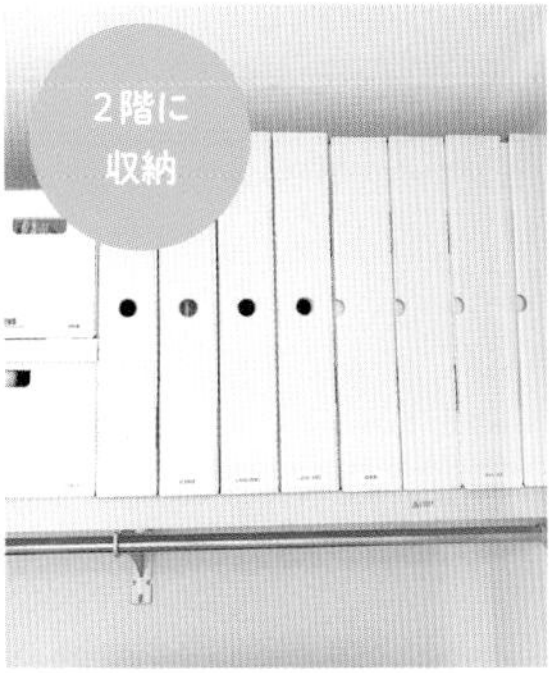

子どもが主導の収納づくり

おもちゃの収納スペースを変更するときは子どもの意見を聞いて一緒につくるようにしています。

小さなことでも自分で決めて選択してもらうこと、その意見を認めてあげることを大切にしています。その1つひとつが子どもの自信に変わっていくと思っています。

小さなものを収納する引き出しの分け方を提案したのは長男でした。「1番に好き、2番に好きというように引き出しを分けるのってどうかな?」。大人にはない子どもならではの目線に驚きと面白さを感じました。

おもちゃ収納の中身を見直すタイミングは、ケースがいっぱいになったら。最近では慣れたもので、手放すものの判断が早くて私がびっくりするくらいです(笑)。

基本的におもちゃを片づけるのは子どもたちですが、寝る時間が遅くなってしまったときなどは、私が片づけてしまうこともあります。そんなときもあっていいと思っています。

「わかるよ、ママもそんなときあるから一緒だね、今日はやっておくからもう寝よっか」。そんなゆるさが、ちょうどいい快適な毎日を叶えています。

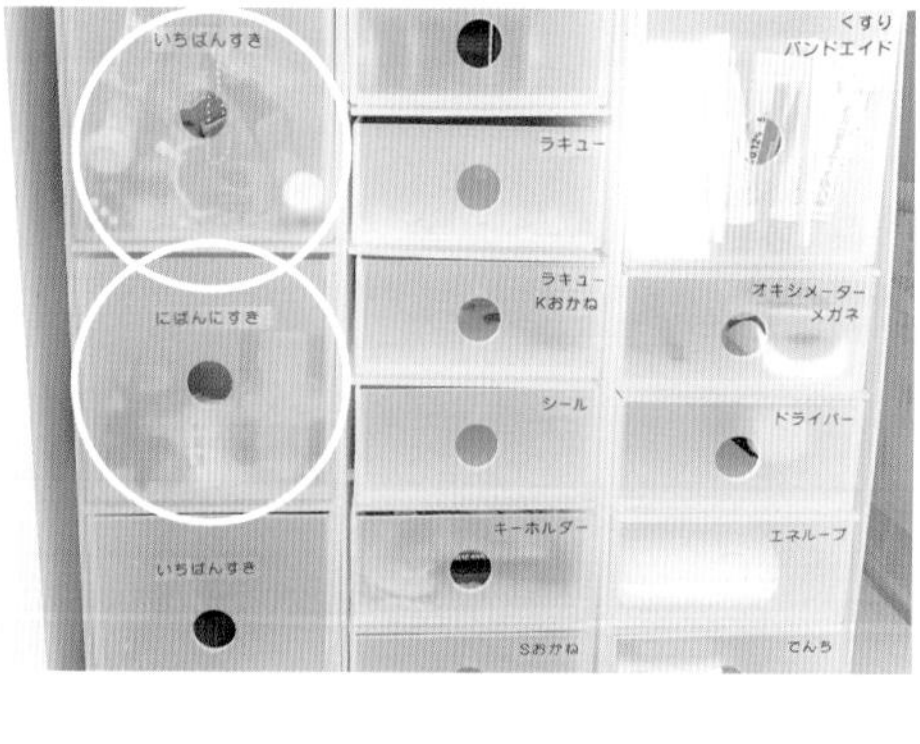

子どもに片づけ習慣を身につけさせる

遊び終わったおもちゃの片づけが簡単にできたら、将来きっと片づけがイヤなことではないと思ってくれるのではないかと思っています。

一気に片づけを覚えるというよりは、物心がついた頃から少しずつ一緒に片づけをすることで、片づけが自然に身についてくれることを目指すのがいいのかもしれません。

片づけることが子どもにとって苦ではなくなり、自然とできるようになると、お母さんがガミガミ言う時間もイライラも格段に減らすことができます。気持ちも楽になり、お互いハッピーになっていくと思うんです。

子どもに片づけを教えるという感覚ではなく、子どもに寄り添いながら、大人も一緒にゲーム感覚で片づけを楽しんでしまうことがコツです。

例えば、スマホで音楽をかけて曲が始まったら一緒に歌いながら片づけのヨーイドン！「曲が終わるまでに片づけちゃおう！」作戦もいいかもしれません。

子どもとの片づけは怒らずに、できたことをほめて伸ばしてあげるのがいちばんです。

子どもが忘れないための2大対策

忘れたくないものを事前に付箋にラベリング

「ノートかってという！」の付箋は、ランドセルを収納している扉の内側に貼っています。ここには他にも、「つめきり」や「GPS充電」などのやることや、「体操服」などよく使うものをラベリングした付箋を準備しています。これをランドセルにペタッと貼るだけ。忘れものが格段に減りました。イレギュラーなものは123ページで紹介したように、都度、手書きで付箋に書いて貼っています。

新しいノートを忘れないように付箋を

子どもたちはノートがなくなってから「ノートがない！　買ってきて」と言いがちです。焦って買いに行くのが大変なので、新しいノートにしたタイミングで、ノートの数ページ前に、「ノートかってという！」とラベリングした付箋を貼っておくことに。付箋は紙製ではなく貼ってはがせる丈夫なフィルム素材のものにすることで、次のノートでも繰り返し使えるようにしています。

Column 7

家族みんなにとってのベスト空間をつくる

長男は、しっかり者で頼りになる頼もしい存在。次男は、甘えん坊で行動のすべてがスローペースで癒しの存在。

夫は、とにかくなんでも話し合える最高の親友といった存在。私は、口癖が「面倒くさいなー」のいい加減なタイプ。

好きなこともそれぞれみんな違います。そんな家族がリビングに集まって過ごすと、部屋はいつの間にか散らかってしまいます。これは当たり前のこと。我が家は、常にキレイな状態ではなく、散らかり放題なときもあります。

でも、それでもいいと思っています。なぜなら、収納のおかげで5分もあればリビングがキレイに片づくことを知っているから。

収納を整えたことで、「もー、散らかさないで」とイライラすることも、「絶対に片づけなければいけない！」と気負うこともなくなりました。

「片づけよう」と思ったタイミングですぐに片づけることができるので、体調がイマイチな日や気力がない日は、「もう今日は片づけをしない！」と決めてしまうこともあり、決して無理はしません。

「キレイで丁寧な暮らしをしよう！」と気負わず、「家族みんなにとってのベスト空間をつくろう」と考えることで、ずっと快適な生活が手に入ります。

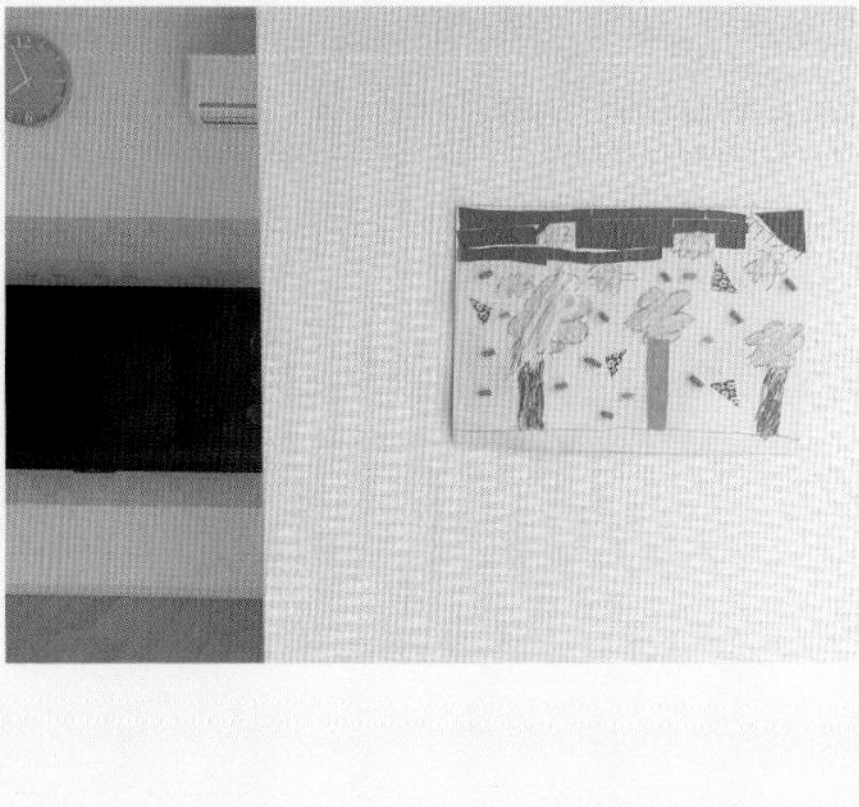

おわりに

最後まで読んでくださり、ありがとうございます。

1つでも心に響くことや、「この中の収納術を実践してみよう！」と思ってくださったことがあったら、とても嬉しいです。

私は、多くの女性の生活を収納で今より快適にして、女性の笑顔をもっと増やしたいと思っています。それは、私自身が会社員として働いていた時期に、育児と家事の両立が大変だったからです。

子どもがいるからといって、自分のやりたいことをあきらめるという選択はしたくありませんでした。自分の時間が欲しい、毎日を楽しみたいという思いから、「家の中を少しでも快適にしたらもっと自分時間が増えるのではないか」と、家を整え続けてきました。

最初は、「ここの引き出し1つだけを片づける」でも大きな1歩になります。この本を参考に、まずは自分のパーソナル空間、例えばメイク用品の収納など小さな空間から、自分が「大好き」だと思えるように整えてみてください。

その場所が最高に使いやすく、収納の効果を感じたとき、はじめて「もっと他の場所も整えたい！」とどんどん収納を楽しむことができると思っています。万人に通用する収納術はありません。実際に自分で考えて、自分や家族に合った収納を目指すことが大切です。

そうして整えた収納が、「使いにくい」「失敗した」と感じることもあるかもしれません。けれど、それでもいいんです。失敗をすることで、自分が本当に納得した最高な空間をつくりだすことができるようになります。

この本の中で、もし「〇ページに出てくる収納ボックス、どこのものだろう？」などわからないことがありましたら、遠慮なくInstagramのコメント欄にご連絡ください。できる限り、お答えしたいと思います。

収納は間違いなく、みなさんの生活をより快適にしてくれることでしょう。

最後になりましたが、本づくりを一緒にしてくださった、あさ出版の李美和さんをはじめ、かかわってくださったすべてのみなさまに感謝申し上げます。

また、いつもInstagramやブログを見てくださっているみなさま、ありがとうございます。これからもどうぞよろしくお願いいたします。

aki

著者紹介

aki

整理収納アドバイザー

1984年生まれ、愛知県在住。大学卒業後、金融系企業からメーカーに転職。2017年に整理収納アドバイザー1級を取得し、2018年1月にInstagram（@shiroiro.home）を開設。シンプルライフを目標とする「無理なしない収納づくり」をテーマに、オリジナリティ溢れる収納術を発信している。フォロワー数は、2021年6月現在、25万超。収納術やライフスタイルに関して、雑誌・書籍などで多数取材を受ける。その他、ネットメディアのコラム執筆も行う。アメブロ公式トップブロガー。

会社員として働くワーキングマザーを経験したことで、育児と仕事の両立の大変さを実感し、「これからは働くママたちを応援したい！」と考えるようになる。「快適でちょっとオシャレでシンプル」をテーマに、企業の生活用品の商品開発にも携わっている。

ラッピングコーディネーター、日本化粧品検定1級の資格も保持している。


楽《らく》してキレイが続《つづ》くシンプル収納《しゅうのう》　〈検印省略〉

2021年　9月　22日　第　1　刷発行
2021年　12月　16日　第　3　刷発行

著　者——aki
発行者——佐藤　和夫

発行所——株式会社あさ出版
〒171-0022　東京都豊島区南池袋 2-9-9 第一池袋ホワイトビル 6F
電　話　03（3983）3225（販売）
　　　　03（3983）3227（編集）
F A X　03（3983）3226
U R L　http://www.asa21.com/
E-mail　info@asa21.com
印刷・製本（株）シナノ

note　http://note.com/asapublishing/
facebook　http://www.facebook.com/asapublishing
twitter　http://twitter.com/asapublishing

ISBN978-4-86667-308-0 C0077